EDITION digital
Pekrul & Sohn GbR

Erika und Jürgen Borchardt

Der Schweriner Schlossgeist Petermännchen

Die schönsten Sagen und Geschichten, Teil 1

Impressum

Erika und Jürgen Borchardt

Der Schweriner Schlossgeist Petermännchen

Die schönsten Sagen und Geschichten, Teil 1
Wie Petermännchen schützt, lohnt, straft und neckt

ISBN 978-3-95655-788-0 (Buch)
ISBN 978-3-95655-789-7 (E-Book)

Gestaltung des Titelbildes: Ernst Franta unter Verwendung einer Zeichnung von Horst Schmedemann

Illustrationen/Fotos: Horst Schmedemann (S. 1, 4 ,6, 7, 9, 10, 12, 13, 25, 29, 31, 42, 45, 67, 73, 78, 82, 84, 90, 99, 109, 130, 132, 135, 136, 139), Inge Selke (S. 18, 56, 126), Johann Wesolek (S. 140), Archiv Borchardt

Archiv Verlag (u. a. historische Ansichtskarten aus der Sammlung von Andreas Bendlin)

Satz: MEDIENAGENTUR - Franta, 93462 Lam, Siedlerweg 5
www.medienagentur-franta.de · mail@medienagentur-franta.de

Druck: Druckerei WIRmachenDRUCK GmbH
71522 Backnang, Mühlbachstr. 7

Pekrul & Sohn GbR
Godern
Alte Dorfstraße 2 b
19065 Pinnow
Tel.: 03860-505 788
E-Mail: verlag@edition-digital.de
Internet: http://www.edition-digital.de

EDITION digital
Pekrul & Sohn GbR

Für Anna
und für alle, die Geschichten voller Geheimnisse mögen

Der Mundschenk im Kleiderschrank

Dreihundert Jahre bald ist es her, da gab es im Schweriner Schloss einen Mundschenk, der war sehr hoffärtig geworden.

Ein Mundschenk war bei Hofe eine hochgestellte Persönlichkeit. Von ihm konnten Gesundheit und Wohlleben des Herrschers abhängen; Wasser, Bier und Wein mussten natürlich sauber und durften auf keinen Fall verdorben oder gar vergiftet sein. Für die verschiedenen Speisen suchte er auch die genau dazu passenden Getränke aus; er arbeitete also zugleich für den Genuss und die gute Stimmung der fürstlichen Personen. So ein Mundschenk erfreute sich ihres besonderen Wohlwollens.

Einem aber stieg dies so zu Kopf, dass er sich etwas Besseres dünkte. Das war der Herr Gardemin. Gegen Höhergestellte benahm er sich zwar unterwürfig und dienstbar zuvorkommend. Er katzbuckelte vor ihnen und redete ihnen zum Munde, was doch gar nicht seine Aufgabe war. Wer aber im Rang unter ihm stand, den behandelte er so verächtlich, als ob dieser sich schämen müsste, überhaupt auf der Welt zu sein.

Besonders der Hofnarr hatte durch ihn zu leiden. Der klein gewachsene Mann beherrschte akrobatische Künste, war witzig, belesen und klug. Seine Späße unterhielten die Herren und Damen gar sehr. Er kleidete sich auch immer recht lustig, auffallend farbenprächtig, erschien oft in einem kurzen, mit bunten Bändern besetzten Wams und liebte auch hohe Hüte, die ihn sehr putzig erscheinen ließen. Aber schon weil er ein Zwerg war, fühlte sich der Mundschenk Gardemin ihm überlegen. Er machte sich des Öfteren über ihn lustig und demütigte ihn, wo er konnte, am liebsten im Beisein anderer. In grimmiger

Ohnmacht biss sich der Zwerg dann heimlich auf die Lippen, und seinen Zorn versteckte er hinter einem Scherzwort. Wehren durfte er sich nicht, das wäre ihm schlecht bekommen.

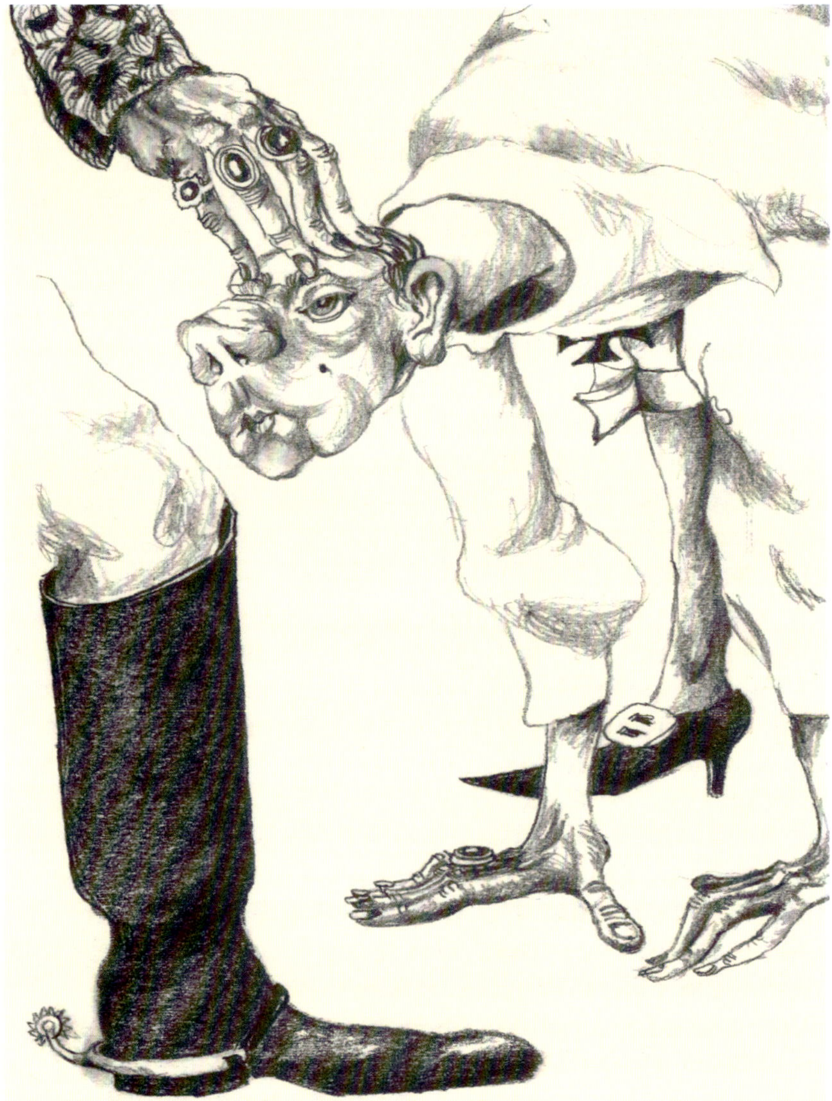

Eines Abends, bei einer Gesellschaft in der Hofdornitz, dem Prunkraum des Schlosses, trieb es Gardemin gar zu arg mit dem Zwerg. Er trat ihm wie unabsichtlich mit dem harten Schuhabsatz auf den Fuß. Der Kleine schrie laut auf vor Schmerz. Der Mundschenk sah sich jedoch ganz scheinheilig um und fragte laut: „Hat sich etwa ein Ferkel hierher verirrt? Da hat doch eben etwas so fürchterlich gequiekt." Als der Kleine davonlaufen wollte, stellte er ihm ein Bein. Der Hofnarr stolperte, fiel hin und schlug sich die Nase blutig. Vor Schmerz verzog er das Gesicht, es sah bei der vielen Schminke aber aus, als ob er lachte. Niemand kam dem Kleinen zu Hilfe.

Die Herren zechten tüchtig weiter. Endlich zogen sie sich zurück, und auch der Mundschenk durfte sich zur Ruhe begeben. Zum Nachtmahl nahm er sich eine Lämmerkeule aus der Küche mit. Aber dann war er doch zu müde. In seiner Kammer angelangt hängte er die Perücke an ihren Haken, streifte die Livree ab, legte sie ordentlich über die Stuhllehne, schlüpfte ins Nachthemd, begab sich ins Bett, löschte die Kerze auf dem Nachtschrank, zog die Nachtmütze über beide Ohren

und drehte sich auf die Seite. So schlief er immer am besten ein.

Plötzlich aber – was war da los? Da war doch was über seiner Kammer. Da polterte doch was! Und es wurde laut und lauter, schurrte und kreischte, wie wenn schwere Metallbrocken auf hartem Gestein entlang schleiften, krachte, als ob Balken und Bretter durch die Luft flogen. Dem Mundschenk schmerzten die Ohren, der Kopf schien ihm zu zerspringen. Das war kein Unwetter, nein! Ein Gespenst? Vor Gespenstern hatte er eine höllische Furcht. Mit einem Satz sprang er aus dem Bett, stürzte in die Ecke zum Kleiderschrank, zwängte sich zitternd hinein, zog die Tür zu und blieb bewegungslos hocken.

Eine Ewigkeit verging. Stille, nichts regte sich mehr. Erst lange danach traute er sich aus seinem Versteck. Leise kroch er auf allen Vieren zum Bett, tastete zitternd nach den Schwefelhölzern, zündete das Licht an und schaute sich furchtsam um. Oh weh, die Tür! Einen Spalt breit stand sie offen. Was tun? Wieder bloß warten? Nein! Mit weichen Knien schlich er sich hin zur Tür und warf sie rasch zu. Sicherheitshalber drehte er den Schlüssel gleich zweimal um. Wie war er nun erleichtert!

Nachdem er auch noch unter das Bett geschaut hatte, legte er sich wieder hin. Die Kerze ließ er brennen. Eine Weile lauschte er angestrengt. Stille rauschte in seinen Ohren. Der süße weiche Nebel des Schlafes wollte ihn schon umfangen. Da, da kratzte plötzlich etwas an seiner Tür! Alle Schläfrigkeit war wieder fortgeblasen. Er hörte, wie die Klinke sich langsam nach unten drehte. Sein Herz schlug wie rasend und drohte zugleich, jeden Augenblick stillzustehen. Da verkroch sich der Herr Mundschenk unter der Decke. Er kugelte sich zusammen wie ein Igel und

hielt sich beide Ohren zu. Wenn das Gespenst, oder was immer es sein mochte, ins Zimmer käme, sollte es glauben, hier wäre überhaupt niemand.

Lange Zeit hörte er nur das Rauschen in den Ohren. Sein Herz schlug immer noch wie wild. Die Nachtmütze war ihm verrutscht, das wirre Haar klebte im Gesicht, und das wollene Nachthemd verursachte ein unerträgliches Jucken am feuchten Körper. Gardemin zitterte. Er traute sich jedoch nicht, auch nur die Nasenspitze aus dem Bett zu stecken.

Lange lag er so, kein Auge konnte er zutun. Erst als ihm war, als hörte er den morgendlichen Lärm der Dienstleute, lüpfte er ein wenig die Bettdecke und sah die Sonne schon ins Zimmer scheinen. Da endlich wagte er sich hervor.

Missmutig und mit verknittertem Gesicht versah er seinen Dienst, mehr schlecht als recht. Er hatte schon Furcht vor der nächsten Nacht. Die Hände zitterten ihm und er verschüttete bei Tisch gar manchen Tropfen. So achtete er kaum auf den Hofzwerg, blickte ihn nur böse an, zischte Unverständliches durch die Zähne und knurrte im Vorbeigehen: „Dir wird das Lachen schon noch vergehen."

Seine Laune besserte sich, als er am späten Abend hörte, ein Edelknabe des Herzogs würde diese Nacht ebenfalls in seinem Zimmer schlafen.

Sie beide sollten anderen Tags früh schon zu des Herrn Verfügung stehen. Drei Flaschen Wein brauchte er nur noch aus dem Keller zu holen, dann dürften sie beide sich zurück ziehen. Nun wurde der Mundschenk wieder übermütig. Laut redend zog er erneut über den Hofzwerg her. Was der nur für krumme Dackelbeine hatte! Und erst die Ohren! Die brauchte er wohl, damit ihm der Hut nicht übers Gesicht rutschte. „Wenn dem die Ohren fehlten," stieß er zwischen den Lachanfällen hervor, „ein Hut mit zwei Beinen würde von ihm übrig bleiben. Hahaha! Ein Hut auf zwei Beinen! Ist das nicht komisch?"

Untertänigst rückwärts dienernd und höhnisch lachend verließ er den Raum.

Mit einem Wachslicht in der Hand stieg er die schmale Wendeltreppe zum Keller hinunter. Unruhig war er nun doch. Allein zu sein, und dann noch in den finsteren Kellerräumen, bereitete ihm seit letzter Nacht große Pein. Also wollte er ganz schnell wieder nach oben, ins Helle, unter Menschen. Schnell, nur ganz schnell wieder nach oben!

Unten angekommen, legt der Mundschenk drei Flaschen Wein in den Korb und macht sich eilig auf den Rückweg. Nur rasch die Stufen hoch! Plötzlich, ihn schaudert's, steht dicht vor ihm eine kleine Gestalt. Er kann sich noch gar nicht fassen – ist das der verkleidete Hofzwerg? Nein, das kann nicht sein, der ist doch oben!, da starrt ihm das Männchen ins Gesicht und lähmt ihn mit seinem Blick. Dem Mundschenk entweicht alles Blut aus dem Kopf, er wird leichenblass, ist unfähig, auch nur einen Finger zu rühren. Und dann versetzt das Männchen dem hochmütigen Mundschenk eine solch derbe Ohrfeige, eine und

noch eine und noch eine, dass dieser vor Schreck und Angst und Schmerz ohnmächtig auf die Treppenstufen sinkt.

Dort blieb er liegen.

Die Herren, die auf ihren Wein gar zu lange warten mussten, schickten einen Diener. Der fand den Mundschenk wie tot daliegend, holte rasch Essigwasser, hielt es ihm unter die Nase und von dem scharfen Geruch kam dieser wieder zu sich.

Er betastete die schmerzende Wange. Der Diener stützte ihn, während sie die Treppe hinauf stiegen. Wortlos ging er auf sein Zimmer. Und noch etliche Tage danach war seine Wange dick angeschwollen.

Wenn er den Hofzwerg auch nur von weitem sah, machte er einen großen Bogen um ihn. Und war das nicht möglich, ging er still und bescheiden vorbei.

Sagenort: Hofdornitz, Weinkeller

Hofdornitz (Ansichtskarte von 1899)

Ein Fass Wein für alle

Vor einigen hundert Jahren tobte in Deutschland ein grausamer Krieg. Aber welcher Krieg ist nicht grausam. Dreißig Jahre währte er. Zahlreiche Soldaten durchzogen auch das Mecklenburger Land. Manchmal waren sie nur noch verlotterte und plündernde Horden, immer auf der Suche nach Nahrung und leichter Beute.

Eines Abends drang ein größerer Soldatentrupp bis nahe Schwerin vor. Sie hielten sich zuerst noch in einem Wäldchen auf dem Schelfwerder verborgen. Dort beratschlagten sie, wo und wie sie neue Beute machen könnten. In einem Punkt war man sich schnell einig: Zuerst wollten sie das Schloss erobern, den Sitz der Herren des Landes, dann würde auch die Stadt sich ihrem Willen beugen.

Sie entsandten Späher, welche den besten Zugang zum Schloss auskundschaften sollten. Diese gaben sich am Güstrower Tor als Kaufleute aus, die sich auf ihrem Weg verirrt und deshalb verspätet hätten. Man ließ sie gutwillig ein und nannte ihnen eine Herberge nahe der Burgstraße für das Nachtquartier. Von dort aus schlichen sie in der Dunkelheit durch die wenigen Gassen bis zur Schlossbrücke. Schon bald wussten sie genug, stahlen bei der Werderhalbinsel ein Fischerboot, umwickelten die Riemen mit Lappen und ruderten lautlos zu ihren Kameraden zurück. Es wäre sehr schwierig, in das Schloss zu gelangen, meldeten sie. Es stünde nämlich auf einer Insel und wäre nur von der Stadt her und einzig über eine Brücke erreichbar, und diese könnte man hochziehen. Ein gewaltsames Eindringen wäre nahezu unmöglich. Allen war klar, nur mit einer List konnten sie erfolgreich sein. Und es musste noch heute Nacht sein. Die vielen erleuchteten Fenster kündeten von einem Fest im Schloss, da war man dort sicherlich nicht sehr wachsam.

Der Hauptmann beschloss, sofort zu handeln. Anders als die Späher geraten hatten, wollte er von einer Seite kommen, an der niemand einen Angriff erwartete, erst recht nicht zu diesem Zeitpunkt, während oder nach einer Festlichkeit. Er befahl, in aller Heimlichkeit und Stille aus der Umgebung Fischerboote heranzuholen. Dann ließ er alle Riemen mit Lappen umwickeln. Die Soldaten begriffen den Plan. Sie verstauten auf den Booten ihre Speere und Spieße, Hellebarden und Armbrüste, kein Waffengeklirr durfte zu hören sein. Und noch in der Geisterstunde würde der Angriff erfolgen, wenn die meisten im Schloss schon müde vom Tanz oder wenigstens trunken vom Wein waren.

Der Plan war gut. Den lautlos herannahenden Feind – kein Einziger von der Schlosswache bemerkte ihn. Ihr Wachhauptmann, ein gutmütiger Kerl, hatte jedem der kleinen Wachtrupps Wein gebracht. Natürlich mit einem Augenzwinkern. Ihr sollt es auch gut haben, wenn alle anderen feiern. Aber zu niemandem ein Wort! Zur Bekräftigung legte er einen Zeigefinger über die Lippen. Die Wachsoldaten, freudig überrascht, hatten sogleich den guten Tropfen probiert. Wozu lange warten?

Und nun, um Mitternacht, schliefen sie, alle. Sie träumten von diesem oder jenem, einige von ihrem Mädchen, andere von zu Hause, wieder andere träumten davon, General zu werden oder diesen fremden Kontinent zu sehen, den die Spanier erst wenige Jahre zuvor entdeckt hatten und wo es überreichlich Gold geben sollte.

Nur das Petermännchen schlief und träumte und feierte nicht. Wie zumeist unsichtbar und unhörbar, hatte es selber seine Augen und Ohren überall. Der Schlossgeist fühlte nicht nur die Gefahr, er hörte, was niemand hören, er sah, was niemand sehen konnte: Die in der schwarzen Finsternis lautlos rudernden fremden Soldaten. Die Gefahr kam immer näher, schnelles Handeln tat Not. Aufgeregt lief der Schlossgeist auf den Bastionen hin und her. Allein niemand im Schlossinnern achtete auf den umherspringenden seltsamen Schatten da draußen, wenn er ihn überhaupt wahrnahm. Und die Wachsoldaten waren in einer ganz anderen Welt.

Die Gefahr abwenden konnte der Schlossgeist nicht, aber warnen konnte und wollte und musste er vor ihr. So ergriff er die Trompete eines der in süßen Schlummer gefallenen Wächter und blies kräftig hinein. Er blies so laut, dass die Soldaten auffuhren, sich die Augen rieben und sofort und in Windeseile die Brücke hoch zogen. Als hätte ihnen jemand im Schlaf schon den Befehl dazu erteilt. Als sie dann aufmerksam in die Dunkelheit hinüber zur Stadt spähten, konnten sie rein gar nichts erkennen.

Die Ruderer auf dem See hatten indessen die Insel fast erreicht. Als sie aber das Trompetensignal vernahmen, da erstarrten sie vor Schreck. Sie glaubten sich entdeckt. Das war ihnen unheimlich, wo doch die Nacht pechschwarz und sie selber völlig lautlos gewesen waren. Ganz und gar verunsichert und völlig entmutigt gaben ihren Plan auf. Sie wendeten. An die Eroberung des Schlosses war nicht mehr zu denken. Noch in derselben Nacht verließen sie die unheimliche Gegend.

Der Hauptmann der Wache forschte nun nach jenem Unhold, der mitten in der Nacht und noch dazu bei einer Feierlichkeit und völlig grundlos Gefahr geblasen hatte. Erfolglos, niemand wollte sich seiner Strafe aussetzen. Erst am nächsten Morgen gewann man Klarheit. Fischer vom Schelfwerder meldeten den Diebstahl ihrer Boote. Man fand sie schließlich nahe dem Zeltenberg ans Ufer gezogen und entdeckte hier auch die frischen Spuren vieler Pferde, leere Weinflaschen, Brotreste und abgenagte Hühnerknochen. Sehr schnell verbreitete sich die Kunde, welcher Gefahr Schloss und Stadt entgangen waren. Untereinander rätselten die Wachtrupps nun, wer von ihnen den lautlosen und unsichtbaren Feind als erster bemerkt und mit dem Trompetensignal vor ihm gewarnt haben mochte. Nach etlichem Zögern meldete sich schließlich ein Soldat. Niemand traute gerade dieser Schlafmütze die Tat zu. Aber es gab keinen anderen unter seinen Kameraden, der ihm den Erfolg streitig machte. Das nun konnte der Oberste der Wachen so nicht durchgehen lassen. Dem Herzog meldete er: Er hätte den ganzen Abend schon so ein seltsames Gefühl gehabt. Obwohl in der letzten Nacht gar nicht im Dienst, habe er das Fest verlassen, sich an die Seeseite der Insel begeben und in die Dunkelheit gespäht. Und schließlich habe ihm der Wind einen eigenartigen Geruch zugetragen, einen Geruch von Leder und

Schweiß und Teer. Da ahnte er die Gefahr und gab jenem schlafmützigen Soldaten den Befehl zum Trompetensignal.

Der Soldat bekam eine Silbermünze zum Lohn, der Oberst einen Golddukaten und die ganze Wachmannschaft ein großes Fass Wein, das sie am nächsten freien Abend leeren durfte. Gelobt wurden sie alle, weil sie so vorzüglich ausgebildet und geleitet waren und Schloss und Stadt vor einer großen Schrecknis bewahrt hätten.

Allein der gutmütige Wachhauptmann war sich ziemlich sicher, dass ihnen eine unsichtbare Kraft geholfen hatte. Und er ahnte auch, wer es war. Ohne längere Erklärungen stellte er einen großen Teller voll roter Rüben in den Schlosshof - die Lieblingsspeise des Schlossgeistes.

Sagenort: Burginsel im Schweriner See, auf der das heutige Schloss steht. Erhaltene Gebäudeteile des alten Schlosses befinden sich auf der Seeseite

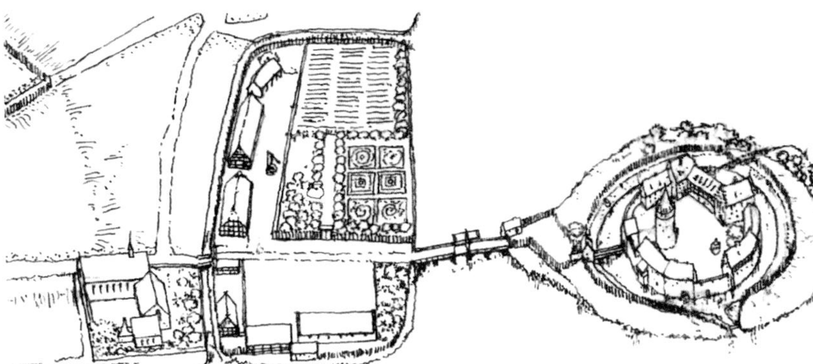

Perspektivzeichnung: Burginsel und Alter Garten im 16. Jahrhundert

Ein General reißt aus

Petermännchen saß in seinem Turmstübchen und raufte sich die Haare.

Der Schlossgeist war sehr verwirrt, wusste nicht ein noch aus. Das war ihm noch nie passiert. An die vierhundert Jahre ist das her.

Die Herzöge, die er doch beschützen sollte, waren abgereist, hieß es, in Wirklichkeit waren sie geflohen, und ein neuer, ein ganz und gar fremder Herrscher hatte vor einigen Tagen im Schloss Quartier genommen. Eigentlich müsste Petermännchen ihn vertreiben. Aber: Der großmächtige General Wallenstein hatte viel Gutes vor mit Mecklenburg, anders als die geflohenen Herzöge, die sich bloß stritten und nichts zu Wege brachten für das Land. Und selbst wenn der Schlossgeist ihn vertreiben wollte: Der General befehligte nicht allein ein starkes Heer, ständig umgaben ihn Soldaten, die jeden seiner Befehle ausführten, jeden! Und rasch! Er war ein Mann von herrischem Wesen, bei dem alles nach seinem Kopf gehen musste, der keinerlei Widerspruch duldete. Außer dem Kaiser hatte er niemanden mehr über sich, und auch der fürchtete ihn. Vor allem, und das machte dem Schlossgeist am meisten Kopfzerbrechen: Im Heer flüsterte man, Wallenstein wäre „gefroren", sein Leib wäre undurchdringlich, fest gegen Schuss und Hieb. Mit dem sollte Petermännchen es aufnehmen? Ja, wollte er es überhaupt? In Petermännchens Kopf knisterte es wie damals, als er in einen Zwerg verwandelt wurde. Dann aber trieben nicht die Gedanken, sondern die Ereignisse den Schlossgeist zur Entscheidung.

Als der mächtige General seinen Sitz im Güstrower Schloss verließ und ins Schweriner Schloss einzog, und das mit einem riesigen Gefolge, da herrschte ein Tumult ohnegleichen. An die 300 Leute hatte er um sich, dazu eine Leibgarde mit 60 Reitern und über 400 Bagagepferden. Lärmend hasteten Männer in bunten Uniformen an Petermännchen vorbei. Die Hufeisen ihrer Pferde knallten auf das steinerne Pflaster im Schlosshof. Fuhrwerke brachten Unmengen von Brot, Butter, Eiern, Fisch, Mehl, Gemüse, Obst, Weizen und Hafer aus dem Land, und Diener schleppten alles in die Vorratsräume. Die Unruhe im Kopf und die Unruhe im Schloss waren für Petermännchen beinahe unerträglich. Als aber die ungebetenen Gäste auch noch sein Turmstübchen mit allerlei Kisten und Truhen vollstellten, Sättel und Pferdedecken und Hafersäcke sogar auf sein Bettchen warfen, da wurde er bitterböse. Die Soldaten mussten fort aus dem Schloss!

Wie aber anstellen? Mit so vielen Soldaten hatte er es noch nie zu tun gehabt! War das schaffbar, was er sich da vornehmen wollte? Und so ein geheimnisumwitterter, ja unheimlicher General! Gefroren, wie es hieß, fest gegen Schuss und Hieb!

Wieder in seinem Turmstübchen, wo er kaum noch Platz fand, überlegte Petermännchen hin und her. Dabei fiel ihm auf: Jetzt, in der Nacht, herrschte völlige Ruhe im Schloss! Ganz im Gegensatz zu dem Lärm am Tage. Keine Katze miaute, kein Hund jaulte oder bellte, die Diener, so sie wachen mussten, schlichen auf Strümpfen durchs Schloss – der neue Herrscher des Landes hatte absolute Ruhe zur Schlafenszeit befohlen. Niemand und nichts durfte auch nur einen Mucks von sich geben. Selbst am Seeufer wachten Soldaten. Sie sollten die Frösche verscheuchen, damit ihr Quaken die Nachtruhe des Generals nicht stören konnte. Und da kam dem Schlossgeist die Idee, wie er zumindest versuchen konnte, den mächtigsten Mann Deutschlands zu vertreiben. Und wenn der abzöge, dann gewiss auch sein gesamtes Gefolge.

Lang bedacht, schnell getan. Petermännchen versteckte sich im Schlafgemach Wallensteins, das dieser in einem abseits gelegenen Raum gewählt hatte.

Er musste lange warten. Der Feldherr empfing in seinem davor gelegenen Arbeitszimmer einen Offizier nach dem anderen, ein Kurier schien dem nächsten die Klinke in die Hand zu geben. Jeder brachte Nachrichten und empfing Befehle. Dieses Land Mecklenburg, das er nun in Besitz genommen hatte, brauchte eine gründliche Veränderung, dachte Wallenstein. Die schlafmützigen und schlappen Herzöge, wusste er, hatten keine Ideen für das Land, stritten sich bloß und konnten auch nichts durchsetzen gegen die Edelleute auf dem Lande. Mecklenburg könnte wirklich eine blühende Landschaft werden. Wenn der Krieg endlich zu Ende ginge, wenn es den Untertanen auch hier gut ginge, dann würden sie Steuern zahlen können, und sie würden damit seinen Reichtum vermehren. So dachte der Feldherr, und er kümmerte sich um alles, um den Schlendrian in der Verwaltung, der ihn ärgerte, um die Willkür bei der Rechtsprechung, die er nicht länger dulden wollte. Er bedachte selbst eine so langwierige Angelegenheit, wie sie der Kanal zwischen dem Schweriner See und der Ostsee sein würde. Er ließ sich nicht bloß vom Kaiser den Titel eines Generals der Ozeanischen und Baltischen Meere geben, er wollte künftig auch tatsächlich Handelsschiffe mit Holz und Salz und Getreide über die Meere schicken. Er wollte die Dänen und Schweden und Holländer nicht immer bloß bekriegen, er wollte mit ihnen handeln, Geld machen, er wollte leben und leben lassen. Selbst um die Armen kümmerte er sich; er befahl der Stadt Schwerin, dafür zu sorgen, dass sie satt zu essen bekamen.

Wallenstein hatte einen großen Plan.

Bei so einem Herrscher war für Schlaf wenig Zeit. Petermännchen verwunderte sich gar sehr über diesen Menschen. Machte der so weiter, würde nach den angestammten Herzögen bald kein Hahn mehr krähen. Am liebsten hätte Petermännchen diesem tatkräftigen Mann geholfen, statt ihn zu vertreiben, aber er war nun mal der Schutzgeist der mecklenburgischen Herzöge, er wollte das Gelärm aus dem Hause und das Turmstübchen wieder ganz für sich allein haben.

Und: Er wollte, wenn er endlich erlöst würde, als König des Landes selber für ein gutes Leben seiner Untertanen sorgen, und er selbst brauchte den Reichtum nicht, wie ihn dieser fremde Eroberer für sich erstrebte.

Der Schlossgeist wurde ungeduldig. Wollte der General nicht endlich müde werden?

Erst spät in der Nacht, er hatte noch kurz gespeist, betrat Wallenstein das Schlafgemach. Er legte sich sofort aufs Bett. Nicht einmal die Uniform zog er sich aus. Im Nu war er eingeschlafen.

In all den Jahren hatte Petermännchen fast vergessen, wie gut er poltern konnte. Zaghaft stieß er erst einen Stuhl um und ruckelte dann am Tisch. Der Feldherr aber rührte sich nicht und schnarchte in aller Seelenruhe weiter. Da besann sich der Poltergeist darauf, wie er früher die unliebsamen Gäste aus

seiner Kammer in Klein Brütz beim Edelmann von Halberstadt vertrieben hatte. Und nun begann er so fürchterlich zu rumoren, dass er im ersten Moment selber erschrak. Es dröhnte und donnerte, rumpelte und rasselte, klapperte und krachte, als ob die Hölle los wäre. Petermännchen war in seinem Element, nun polterte er nach Herzenslust. Alles im Zimmer schien in Bewegung geraten zu sein. Ihm kam sehr zupass, dass ein Sturmwind über den See brauste, ein Orkan, so stark, dass die Schornsteine des Schlosses einstürzten. Die Fenster schlugen auf und zu, Scheiben zerbrachen klirrend. Ein starker Windstoß fuhr unter die Tischdecke und riss sie mitsamt dem dickbauchigen Weinkrug herunter. Obendrein zwickte und zwackte Petermännchen den hohen Herrn, dass dieser ganz verstört in die Höhe fuhr.

Leichenblass sah der General dem gespenstischen Treiben zu. Träumte oder wachte er? Hatte der Wind die Fenster aufgestoßen? Das Klirren des Kronleuchters zersägte ihm fast die Nerven. Zittrig zündete er die Kerze an und blickte verstört auf die zerbrochenen Fensterscheiben und den zerschlagenen Krug auf dem Boden. Eine große Schnake flog um das Licht herum. Wallenstein fühlte jetzt die Beulen an seinem Körper und sah die blauen Flecken an den Armen. Vielleicht hatte ihn nur die Schnake gestochen, und im Schlaf schlug er dann um sich und bekam so die Beulen und Flecken? Alles andere mochte das Werk des Windes sein, der schrecklich stürmte. So versuchte sich der Feldherr zu beruhigen.

Aber der große Mann war nicht allein lärmempfindlich, er war auch abergläubisch. War hier vielleicht doch eine andere Macht als die Naturgewalten im Spiele? In den kleinsten Dingen vermutete er bereits Unheimliches. Er rief, wenn auch mit kraftloser Stimme, nach der Wache. Diese hatte während des gewaltigen Polterns, vor Angst schlotternd, an der Tür gestanden und sich nicht hineingewagt. Manchmal nämlich erlitt der großmächtige Feldherr solche Wutanfälle, dass er durch Worte nicht zu beruhigen war und mit allen möglichen Gegenständen um sich warf. Einmal soll er sogar einen Diener halb tot geprügelt haben. Als jedoch drinnen plötzlich Stille eintrat und sie die zitternde Stimme hörten, eilten die Wachsoldaten furchtsam herbei. Auf Befehl ihres Herren durchsuchten sie das Zimmer. Mit eigener Hand drohte er denjenigen umzubringen, der ihn in seinem Schlaf zu stören wagte. Die Soldaten fanden nichts. Sie konnten auch gar nichts finden, der Poltergeist hatte sich unsichtbar gemacht.

Dem gefürchteten Machthaber aber war es unheimlich. Er befahl den Sterndeuter zu sich. Wallenstein hatte ihn vor Wochen aus Italien kommen lassen. Der sollte ihm den Stand der Gestirne in dieser Nacht auslegen. In dem gespenstischen Zimmer wollte er keinesfalls bleiben.

Der Wahrsager ahnte den unausgesprochenen Wunsch und betrachtete anscheinend mit höchster Aufmerksamkeit die Sterne durch das Fenster. Dabei überlegte er, was genau sein Herr wohl gerne hören mochte. Er weissagte ihm große Siege, Macht und Reichtum. Unwillig winkte Wallenstein ab, das alles hatte er doch schon. Jetzt wollte er in Ruhe schlafen. Nach vielen komplizierten Rechnungen und undeutlichem Gemurmel sprach der Wahrsager: „Herr! Dieses Gemach ist Eurer nicht würdig. Geruht deshalb, Euch in den Seitenflügel des Schlosses zu begeben und im herzoglichen Schlafgemach der Ruhe zu pflegen.“ Damit hatte der Sterndeuter das ausgesprochen, was dem Feldherrn am meisten behagte, er konnte in Würde diesen schauerlichen Ort verlassen.

Unverzüglich begab er sich, von seiner Wache begleitet, in das herzogliche Schlafgemach. Abfällig blickte er auf die prunkvolle Einrichtung. Besonders missfiel ihm ein riesiges Gemälde, das in einem reich verzierten und vergoldeten schweren Rahmen über dem Bett hing. Erst nachdem die Wache den Raum gründlichst durchsucht und alle Fenster und auch die Tür hinter sich ganz fest verschlossen hatte, legte er sich nieder. Er fand jedoch keine Ruhe. Eine ihm unverständliche Spannung hatte sich seiner bemächtigt, eine Spannung, in der die Luft zu knistern schien. Das Kerzenlicht, das er vorsorglich hatte brennen lassen, erhellte das Gemach mit seinem milden Schein. Verstört blickte sich der Feldherr um. Nichts war zu sehen, nichts zu hören.

Doch da veränderte sich der Raum schlagartig. Ein starker kalter Luftstrom ließ das Kerzenlicht unruhig flackern, die Vorhänge flatterten und bauschten sich. Und da, dem Feldherrn standen auf einmal die Haare zu Berge: Geräuschlos hatte sich die Tür geöffnet und schnelle Schritte waren zu hören. Sehen jedoch konnte er niemanden. Plötzlich, wie aus dem Boden gewachsen, stand vor ihm - ein zwergenhaft gewachsener Mann mit drohend erhobenem Dolch. Wie das? Woher kam der? Gebannt starrte Wallenstein auf die kleine Gestalt. Sie trug einen hohen federgeschmückten Hut und hatte eine große, weiße Mühlsteinkrause um den Hals. Das enge Wams bedeckte einen Brustharnisch. Am Gürtel hing ein Schlüsselbund. Das Männchen trug weite Hosen und gespornte Reiterstiefel, die ihm bis an die Knie reichten. Der Feldherr hatte das alles mit einem einzigen Blick erfasst. Die Bekleidung war ihm nur zu gut aus diesem Krieg bekannt. Aber der hocherhobene Dolch in der Hand des Einbrechers! „Verrat!“, schrie er – wollte er schreien, aus seinem Mund jedoch kam nur ein heiseres Krächzen. Die Kehle war ihm wie zugeschnürt.

Mit grausamer Langsamkeit und schier unaufhaltsam näherte sich das Männchen dem Bett. Wallenstein war gelähmt vor Angst. Diese Gestalt vor ihm musste ein Wesen aus einer anderen Welt sein, das runzlige Gesicht schien wie tausend Jahre alt. Jetzt senkte der Zwerg die blitzende Klinge auf das Herz seines unglücklichen Opfers. Wallenstein, ohnehin schon mehr tot als lebendig, fiel in Ohnmacht.

Als er erwachte, war das unheimliche Männchen verschwunden. Wallensteins Lebensgeister kehrten zurück, mit ihnen fand er auch seine Sprache wieder. „Wache! schrie er, „die Pferde! Sattelt die Pferde! Abmarsch! Alle! Sofort!" Und zu sich selbst sprach er mit brüchiger Stimme: „Weg! Nur weg von hier!" Einzig dieser Gedanke beherrschte ihn im Augenblick. Bloß nicht noch eine Nacht in diesem Schloss! Gegen Gespenster war selbst er machtlos.

Noch bevor der Morgen dämmerte, verließ der Eroberer das Schloss Schwerin mit seinem ganzen Gefolge.

Kaum waren die schwer beladenen Fuhrwerke vom Schlosshof geholpert, kaum hatten die Säbel rasselnden Soldaten die Schlossbrücke überschritten, kaum waren die Hufschläge der letzten Pferde in der Ferne verhallt, da begab sich der Poltergeist in sein Turmstübchen. Zufrieden machte er es sich bequem. Glücklich aber war er nicht.

Sagenort: Burginsel im Schweriner See, auf der das heutige Schloss steht. Erhaltene Gebäudeteile des alten Schlosses befinden sich auf der Seeseite.

Schloss: Seeseite (Ansichtskarte von 1905)

Napoleon hat die Nase voll

Der französische Kaiser Napoleon eroberte vor über 200 Jahren viele Länder Europas. Als Statthalter für Mecklenburg entsandte er General Laval nach Schwerin. Dieser nahm seinen Sitz in dem alten Fürstenschloss.

Der neue Herr und seine Soldaten benahmen sich recht manierlich, soweit das in Kriegszeiten möglich ist. Sie gewannen sogar einiges Wohlwollen, vor allem bei den Stadtarmen, weil diese mit Brot und Fleisch versorgt wurden. Und so manches Mädchen erwiderte die Schäkereien der fremden Soldaten in ihren schmucken Uniformen mit einem geschmeichelten oder gar koketten Lächeln.

Allein, es war doch Krieg. Erst zogen russische Kosaken durchs Land, dann preußische Jäger und Grenadiere, schließlich sächsische Husaren. Die Franzosen jetzt schienen sich gar festsetzen zu wollen. Der Herzog hatte sich mit seiner Familie außer Landes begeben, nur seine hochbejahrte Mutter blieb im Schloss. Sie musste mit ansehen, wie die mecklenburgischen Wappen entfernt oder überdeckt wurden. Überall erschien statt dessen der französische Adler als Herrschaftszeichen. Ständig marschierten französische Truppen mit viel Lärm durch die Stadt. Häufig donnerten Kanonen und kündeten von neuen Siegen des Kaisers der Franzosen. Die vielen Einquartierungen waren lästig, in so manchem Haus mussten die Familien für fünfzehn, manchmal sogar für zwanzig Soldaten Platz schaffen.

Petermännchen verbitterte das ganze Getöse der Eindringlinge. Auch tat ihm die Herzoginmutter leid. Auf ihre alten Tage solch eine Unruhe im Schloss.

Der empörte Kleine beschloss: Hier muss wieder Ruhe einziehen. Also hatten die fremden Herren und ihr ganzes Gefolge zu verschwinden. Schön gedacht, aber: Wer oder was konnte den Kaiser der Franzosen, den mächtigsten Mann der Welt, zwingen, diese Eroberung hier aufzugeben? Da schmiedete Petermännchen einen gewitzten Plan. Er würde dafür sorgen, dass die Franzosen von selber abzogen! Und sogleich machte er sich ans Werk.

Er blieb unsichtbar, war aber überall. Vorm Aufstehen versteckte er dem einen der Franzosen die Stiefel, die der dann fluchend suchte, dem andern machte er das Rasiermesser stumpf, so dass er sich in die Wange schnitt. Beim Essen schob er öfter eine Schüssel vom Tisch und die heiße Suppe ergoss sich bei jemandem auf die schöne Uniformhose. Und der hatte sie gerade gesäubert! Wenn einer einen Befehl des Generals ausführen wollte und loseilte, stolperte er, fiel hin und schlug sich die Nase blutig. Einem Offizier verpasste er mir nichts dir nichts handfeste Puffe, einem anderen gar Maulschellen. Ihnen wurde ganz wirr im Kopf, sie wussten gar nicht warum und von wem das kam. Nicht mal vor dem Schlaf und erst recht nicht im Schlaf fanden die Franzosen die ersehnte Ruhe. Bei dem einen wurde abends ständig die Kerze ausgeblasen, er stolperte über den Schemel und das Schienbein schmerzte ihm, es schmerzte so sehr, dass er überhaupt keinen Schlaf finden konnte. Im Raume eines anderen qualmte der Kamin fürchterlich, dass er im Schlaf beinahe erstickte. Und dann die ewige Polterei, gerade in der Nacht, das Türen- und Fensterzuschlagen, das Tisch- und Stühleumkippen, als ob das ganze Schloss wackelte, dazu das Gekrächze und Gejaule vom Dachboden her. So ging das über Monate hinweg, fast ein ganzes Jahr lang, jeden Tag und jede Nacht aufs Neue.

Was für Petermännchen beinahe vergnüglich war, wurde für die Franzosen mit jedem Tag immer schrecklicher. General Laval hörte das Geschimpfe und Klagen seiner Leute, was für ein widerwärtiges Dasein es doch wäre in diesem Schloss.

Nach außen schwiegen sie davon; sie wollten zu dem Ungemach nicht auch noch das Gespött und den Hohn der Mecklenburger ertragen. Laval berichtete seinem Kaiser Napoleon immer öfter von den unheimlichen Vorgängen, denen niemand seiner Leute gewachsen war. Einige waren sogar schon bei Nacht und Nebel desertiert. Ihm selber wäre auch sehr unbehaglich zumute in diesem Schloss. Überall wäre es kalt und zugig und ihn plage das Reißen in sämtlichen Gliedern. Am schlimmsten aber wäre, dass auch außerhalb des Schlosses niemand seiner Leute sicher war. Erst gestern sei auf dem Alten Garten ein großer Wagen mit Munition explodiert, die Granatsplitter flogen in alle Richtungen und verletzten viele seiner Leute. Nur der Teufel konnte wissen, wie das passierte.

Der Kaiser der Franzosen, das muss man so sagen, hatte, nach den vielen Beschwerden Lavals und jetzt nach dieser Explosion, die Nase einfach voll. Vor Wut wäre Napoleon fast selber explodiert; seine Soldaten, das wusste er nun wirklich, schlugen so manche Schlacht und gewannen sie alle, sie waren tapfere Leute und beklagten sich nicht ohne Grund. Diesem unheimlichen Wesen im Schweriner Schloss aber war offenbar nicht beizukommen. Kurz entschlossen befahl er General Laval, mit seinen Leuten das Schloss und das Land überhaupt zu verlassen, und als Herrscher setzte er wieder den Herzog von Mecklenburg ein. Sollte der doch diesen schrecklichen Bau bewohnen!

Nicht nur Petermännchen war erleichtert. Das ständige Poltern und Aushecken neuer Streiche hatte ihn ermüdet. Er war ja nicht gerade mehr der Jüngste. Auch die abziehenden Franzosen waren erleichtert. Hatten sie doch nun das Unwesen, wie sie sagten, nicht mehr am Halse. Niemand von ihnen ahnte die wahre Ursache.

Sagenort: Schloss Innenräume

Der Innenhof des Schlosses (Ansichtskarte von 1910)

Der rachsüchtige Stallknecht

Einst diente im Schloss ein Mädchen, das war so ordentlich und fleißig, dass sie schon nach einigen Wochen niedriger Küchenarbeit befördert wurde. Sie durfte nun die Räume einiger Hofdamen und sogar die Zimmer der Prinzessin sauber halten. Das war ein großer Vertrauensbeweis und eine hohe Ehre. Damit hatte sie keinen Umgang mehr mit Küchenmägden und Knechten, sondern mit gebildeten feinen Damen und Herren.

Seit sie im Schloss arbeitete, hatte sich einer der Stallknechte in sie vernarrt und sie arg bedrängt. Aber sie mochte ihn nicht. Und sie hatte es ihm von Anfang an mehrfach deutlich zu verstehen gegeben. Nun, da sie in den höheren Rang einer Dienerin der Prinzessin aufgestiegen war, wollte er sie um jeden Preis haben. Er stellte ihr nach, wo und wann er konnte. Nirgendwo fühlte sie sich vor ihm sicher. Doch was der Bursche auch unternahm, keine noch so verliebten Augen und Versprechungen, kein stürmisches Drängen und kein geduldiges Warten, kein Bitten und Flehen, nichts von alledem brachte ihn auch nur einen Schritt weiter. Endlich musste er einsehen: Das Mädchen mochte ihn nicht. Da verwandelte sich seine einst so feurige Liebe in Hass. Er wünschte dem Mädchen alles Unglück der Welt. Sie sollte einmal ihren Hochmut bitter büßen. Mit Schimpf und Schande sollte sie aus dem Schloss gejagt werden. Oder noch besser: Im Kerker sollte sie landen und dort bei Wasser und Brot ihr kümmerliches Leben fristen. Das war sein größter Wunsch.

Er getraute sich jedoch nicht, ihr auch nur ein Härchen zu krümmen. So vergrub er seinen Zorn in der Brust und gab sich nach außen hin gelassen und kühl. Er tat, als wäre sie ihm völlig gleichgültig geworden. Vor den Leuten beteuerte er, solch ein dürres Geschöpf möchte er nicht einmal geschenkt haben.

Es vergingen Wochen und Monate, ohne dass sich etwas Nennenswertes ereignete. Aber dann passierte es. In fast allen Räumen, in denen das Mädchen sauber machte, fehlte irgend etwas Wertvolles. Als eine der Hofdamen ihren seidenen Schal vermisste, nahm man es zuerst gelassen zur Kenntnis. Als eine andere Hofdame ihr silbernes Armband vergeblich suchte, glaubte man, sie habe es sicherlich verlegt. Das Zimmermädchen war durch seine Ehrlichkeit über jeden Verdacht erhaben. Als dann jedoch eines Tages auch ein wertvolles Schmuckstück der Prinzessin fehlte, glaubte niemand mehr an einen Zufall. Wer war der Dieb? Das Zimmermädchen? Hatte es sich in letzter Zeit nicht auffallend oft in den Räumen der Hofdamen und der Prinzessin aufgehalten, angeblich, um dort noch einmal nach dem Rechten zu sehen? War sie nicht in letzter Zeit auffallend hochmütig und eitel geworden? Weshalb hatte sie sonst den Stallburschen abgewiesen! Er war doch immer so zuvorkommend zu ihr. Ein Knecht schien ihr wohl nicht gut genug! Sicher wollte sie höher hinaus. Eitel und hoffärtig war sie, jawohl. Nur sie konnte sich den Schmuck angeeignet haben.

Alle Beteuerungen, dass sie unschuldig sei, halfen dem Mädchen nichts, es wurde in den Kerker gesperrt. Nur wenige Tage später fanden die Hofdamen Schal und Armreif und die Prinzessin ihren Schmuck. Der Schal lag zwischen anderen Wäschestücken der Hofdame, der Armreif fand sich in einem der Handtäschchen der Besitzerin wieder und den kostbaren Schmuck entdeckte die Prinzessin in einem der vielen Kästchen ihres gedrechselten Toilettentisches. Die Damen entschuldigten sich zwar nicht bei ihrem Zimmermädchen, nahmen es jedoch wieder in ihren Dienst, und mahnten sie, in Zukunft besser achtzugeben.

Der Stallbursche aber hatte neuerdings ein ganz und gar geändertes Wesen. Niedergeschlagen und kleinlaut, wie ein geprügelter Hund, schlich er über den Schlosshof. Wer ihn sich näher besah, erkannte unschwer, dass er tatsächlich mörderische Prügel bezogen haben musste; grün und blau war sein Körper, zumindest, was man davon sehen konnte. Er hatte geschwollene Augen und ein wundes Kinn, Arme und Beine konnte er offenbar nur unter großen Schmerzen bewegen.

Erst viel später kam die Geschichte ans Tageslicht; Stückchen für Stückchen erzählte sie der Knecht. Nein, Stück für Stück zog man ihm die Wahrheit durch hartnäckiges Fragen zwischen den Zähnen hervor. Aus gekränkter Eitelkeit hätte er Rache an dem einstmals geliebten Zimmermädchen üben wollen. Er wäre ihm in die Gemächer der Hofdamen und der Prinzessin nachgeschlichen, um auszukundschaften, wo sich die Wertsachen befanden, und hätte sie an sich genommen. So lenkte er den Verdacht auf das Mädchen. Sein Ziel glaubte er erreicht, als das Mädchen im Kerker saß. In der Nacht darauf wäre jedoch jemand in seine Kammer gekommen, obwohl er die Tür vor dem Schlafengehen immer sorgfältig zuschloss. Mit Püffen wäre er aus dem Schlaf gerissen, auf den Fußboden geworfen und fürchterlich verprügelt worden. Schal und Schmuckstücke jedoch, die er sorgsam unter dem Strohsack verborgen hatte, wären spurlos verschwunden. Als sie dann, wie zufällig verlegt, bei ihren Besitzerinnen wieder aufgetaucht wären, da hätte er gewusst, wer ihn so verhauen hatte. Mehr wollte er nicht sagen. Aber alle wussten, was es damit auf sich hatte. Das Petermännchen hatte wieder einmal für Gerechtigkeit gesorgt.

Innenraum im Schloss (Ansichtskarte von 1905)

Eine rostige Armspange als Lohn

Eines Tages sprach ein junges Mädchen im Schloss vor und bat um Arbeit. Man erfuhr, dass es armer Leute Kind war, noch etliche jüngere Geschwister hatte, der Vater, ein Schneider, wenig verdiente und sie als älteste Tochter nun aus dem Haus musste, um sich ihr Brot selbst zu verdienen. Ordentlich und reinlich gekleidet war es, trotz der Armut, in der es lebte. Nur wer ganz genau hinguckte, der bemerkte, dass das Kleidchen an einigen Stellen schon tüchtig fadenscheinig und die Strümpfe gestopft waren. Sein Haar hatte das Mädchen glatt gekämmt und zu einem dicken Zopf geflochten, die Schuhe blank geputzt und die Schnürsenkel zu gleichmäßigen Schleifen gebunden. In der Hand hielt es ein kleines Bündel mit den wenigen Habseligkeiten. Das Mädchen gefiel und wurde eingestellt.

In der obersten Etage des Schlosses wies man der Schneiderstochter ein kleines Kämmerlein zu, wo auch die anderen Dienstleute ihren Schlafraum hatten. Und schon am nächsten Tage begann sie ihre Arbeit.

Sie hatte die Zimmer der Hofdamen zu säubern. Täglich galt es, die Betten ordentlich herzurichten, den Staub von den Möbeln zu entfernen, die Fußböden zu wischen, zu wachsen und zu wienern und Spiegel und Lampen zu putzen. Alles musste stets blitzblank sein, am Morgen genauso wie am Abend. Das Mädchen lernte schnell, war gewissenhaft und fleißig und gönnte sich kaum eine Minute Ruhe. Mit gefälliger Hand wusste sie auch die Blumen in den Vasen zu ordnen. Überhaupt sah sie immer von ganz allein, wo noch ein Handgriff Not tat, und musste nicht erst von jemandem dazu aufgefordert werden. So etwas ist selten. Nie hatten die Hofdamen Anlass zur Klage. Die eine oder andere unter ihnen fuhr sogar mit den Fingerspitzen in den Ecken des Fußbodens oder auf einer Zierleiste entlang, um zu prüfen, ob dort nicht doch ein Stäubchen hängen geblieben wäre. Aber sie fanden nichts.

Bald hatten alle im Schloss das Mädchen gern. Selbst die kecken Küchenjungen und die vorlauten Stallburschen waren ihr gegenüber erstaunlich höflich, wie man es bei ihnen nie vermutet hätte. Manchmal neckten sie das Mädchen freundlich und sagten ihr, ganz gewiss werde das Petermännchen einmal bei ihr anklopfen. Da bekam sie aber einen Schreck – der Schlossgeist bei ihr anklopfen? Die halbe Nacht grübelte sie, was dann wohl passieren würde. Schließlich aber schlief sie doch ein, und über der Arbeit der nächsten Tage legte sich ihre Unruhe.

Eines späten Abends, das Mädchen war wieder rechtschaffen müde und wollte sich gerade zu Bett begeben, da klopfte es tatsächlich leise an ihrer Tür. Verwundert rief sie „Herein.“ Noch nie hatte sie hier jemand besucht, aber sie hatte in ihrer Unschuld auch keine bösen Gedanken und keine Angst. Die Tür öffnete sich und herein trat - ein zwergenhafter Mann. Ein Zwerg? Bei ihr? Das Petermännchen? Rasch und doch auch ein bisschen unruhig überflog sie seine Gestalt. Er schien recht kräftig zu sein, hatte aber schon ganz graue Haare und das runzlige Gesicht eines sehr alten Mannes. Zu dem grünen Wams trug das Männchen einen fein gefältelten weißen Kragen, und die Füße steckten in Stulpenstiefeln, die bis über die Knie reichten. Seine gutmütigen Augen blickten das Mädchen freundlich an und beruhigten es sogleich. Die Schneiderstochter erfreute sich sogar an der putzigen Gestalt, die durch den hohen Feder geschmückten Hut etwas größer erschien, als sie wirklich war. Ja, dieser kleine Mann musste das Petermännchen sein! Genauso sollte es ja aussehen, wie die Leute erzählten.

Ihr blieb jetzt keine Zeit mehr zu rätseln. Der Kleine kam auf sie zu und fragte: „Könntest du wohl mein Bett auch mal frisch aufschütteln und herrichten?“ „Warum nicht?“, antwortete das Mädchen, obwohl es nach dem langen Arbeitstag recht müde war. Sie verließen das Schloss und gingen ein Stückchen die Schlossmauer entlang. Unversehens befanden sie sich in einem unterirdischer Gang. Das Mädchen konnte gar nicht sagen, wie sie da so plötzlich hineingelangt waren. Jetzt klopfte ihr doch das Herz. Tapfer aber folgte sie dem Zwerg. Mit seiner Laterne wies er den nur ihm bekannten Weg. Der Gang war schmal und recht niedrig, für sie beide aber hoch genug. Wie sie gehört hatte, sollte ein unterirdischer Gang zu der Behausung des Schlossgeistes führen, unter dem großen See entlang bis zum Ziegelsee. Dort hätte einst eine Ziegelei gestanden und unter dem See hätte Petermännchen seine Wohnung.

Das Mädchen war nicht wenig verwundert, als sie schließlich zu einem ganz schlichten Raum gelangten. Nur ein kleines Bett, ein Schränkchen, ein Tisch und ein Stuhl standen da. Man hatte ihr doch erzählt, dass der Schlossgeist in seiner Behausung einen riesigen Schatz aufgetürmt haben sollte! Aber hier glänzte kein Gold, hier funkelten keine Edelsteine, rein gar nichts von Pracht und Reichtum war da zu sehen. Das Mädchen ließ sich jedoch nichts anmerken, guckte nicht neugierig in alle Ecken, fragte auch nicht viel, sondern machte sich sogleich an die Arbeit. Schnell hatte sie Petermännchens Bettdecke aufgeschüttelt und hübsch glatt gezogen, dass sich kein Fältchen zeigte. Dann fegte sie das Stübchen aus und rückte sogar den kleinen Stuhl an das zierlich gedrechselte Tischchen, das mitten im Raum stand. Zufrieden sah der Schlossgeist dem flinken Mädchen bei der Arbeit zu. Ihm gefiel das junge Menschenkind, das jeden Tag und auch jetzt noch so unverdrossen arbeitete und sich nicht missgelaunt und mürrisch zeigte.

Und nun kam die Überraschung, eine Überraschung, in der sich eine andere verbergen sollte. Petermännchen ging zu einem Wandschränkchen, entnahm ihm etwas, drehte sich wieder um, dabei die Hände hinterm Rücken verbergend, schritt auf das Mädchen zu, streckte nun die Hände nebeneinander vor und öffnete sie – eine große schwere Armspange lag darauf. Sie schien aus Eisen zu sein und war völlig verrostet! Der Kleine lächelte ganz eigentümlich und sagte: „Nimm sie nur. Sie wird dir Glück bringen." Die arme Schneiderstochter war verwirrt. Schmuck? Für sie? Der Rost störte sie nicht; sie konnte sich lebhaft vorstellen, wie gut die Spange aussehen würde, wenn man sie nur recht blank putzte. Und sie hatte, wie andere auch, ihre Freude an schönen Dingen. Aber sie wollte den Schmuck nicht annehmen. Allein, verletzen wollte sie das kleine Männchen auch nicht, und Glück konnte das Mädchen gebrauchen. Verlegen erst und zögernd streckte sie eine Hand aus. Dann griff sie fest zu und drückte die Spange an ihre Brust. Petermännchen strahlte. Sein faltiges Gesicht schien ihr jetzt schön.

Mit einem tiefen Knicks bedankte sie sich artig und schickte sich an, den weiten Weg allein zurückzugehen. Doch eh sie sich's versah, war sie schon in ihrem Kämmerlein angelangt. Dort legte sie die Spange in ihr Schränkchen und ging zu Bett. Im Nu war sie eingeschlafen.

Als sie am anderen Morgen erwachte, kamen ihr sogleich das Petermännchen und sein geheimnisvolles Lächeln in den Sinn, als es sagte, dass die Spange Glück bringe. Sie öffnete das Schränkchen. Aber da war keine Armspange aus rostigem Eisen. Sie war in glänzendes Gold verwandelt! Ein Wunder war geschehn. Konnte Petermännchen zaubern?

Die Augen des Mädchens strahlten vor Freude ob des kostbaren Schmucks. Glücklich jedoch machte sie etwas anderes. Es war ein Gefühl, das sie nicht hätte beschreiben können. War es das tiefe Gefühl der Zufriedenheit, mit sich, mit ihrem Platz in der Welt, in der sie lebte? Es breitete sich in ihr aus, erfüllte sie ganz und gar und machte sie glücklich.

Das Mädchen blieb bescheiden und fleißig, half anderen, wo sie konnte, und sie vergaß auch ihre armen Eltern nicht.

Die goldene Armspange hielt sie in Ehren. Sie kam niemals ins Leihhaus und wurde auch nicht verkauft. Die Schneiderstochter hatte stets alles, was sie zum Leben benötigte. Als sie ins heiratsfähige Alter kam, nahm sie sich einen guten Mann, den sie herzlich liebte. Und bald waren die beiden von einer fröhlichen Kinderschar umgeben. So erwarb sie sich das Glück, das ihr Petermännchen versprochen und das sie sich erträumt hatte.

Sagenort: Schloss, Ziegelsee

Am Ziegelsee (Ansichtskarte von 1920)

Die wundersame Heilung

Schier über Nacht erkrankte der Sohn des Herzogs. Der Prinz bekam ganz plötzlich heftiges Fieber. Er fühlte sich so schwach und elend, dass man um sein Leben fürchtete. Der Herzog ließ einen Medikus nach dem anderen kommen, um seinem Sohn zu helfen. Jeder gab sich auch die allergrößte Mühe. Der eine verschrieb diese Medizin, ein anderer jene, ein dritter gar keine. Der eine empfahl kalte Wadenwickel, der andere warme Umschläge, der dritte einen Aderlass. Der eine ließ den Raum verdunkeln, der andere alle Vorhänge beiseite ziehen und die Fenster öffnen, der dritte riet zu Spazierfahrten bei Mondenschein. Es war ein heilloses Durcheinander. Dem Prinzen wurde bei all dem nur noch elender. Er konnte sich nicht einmal mehr im Bett aufrichten. Sein ganzes Zimmer glich einer Apotheke. Überall standen Gläser, Fläschchen und Dosen, mit allerlei Tropfen, Pülverchen, Pillen und Salben. Ständig dokterte irgend jemand an ihm herum. Nur des Nachts gönnte man dem Kranken etwas Ruhe, wahrscheinlich, weil man sie selber brauchte.

All das taten die Herren Mediziner im besten Glauben, dem Prinzen damit etwas Gutes zu tun, und natürlich um des fürstlichen Lohnes willen, den derjenige erhielte, der den Prinzen gesund machte. Ängstlich waren sie darauf bedacht, alles zu vermeiden, was den erhofften Ruhm schmälern könnte. Deshalb durfte niemand außer ihnen den Raum betreten. Und deshalb mussten zwei Soldaten Tag und Nacht vor der Tür des Kranken Wache halten. Und deshalb war diesen auch untersagt, ihren Platz vor der Tür zu verlassen. Unter keinen Umständen! Das wurde jedem Soldaten vor jedem Wachdienst immer wieder eingeschärft. Wieder und nochmals: Sie hatten dort stehen zu bleiben! Was immer auch geschehen mag. Ansonsten drohte eine empfindliche Strafe.

Eines Nachts, so um die Mitternachtsstunde herum - die Soldaten waren im Stehen in einen leichten Schlummer gefallen, dem einen Auge Ruhe gönnend, das andere halb geöffnet - schreckten sie auf. Was heißt schreckten auf, sie erzitterten vor Schreck, der Mund stand offen, die Augen rollten, die Knie waren weich, Entsetzen hatte sie gepackt. Aus dem Gemach des Prinzen drang Lärm, fürchterlicher Lärm. Es polterte und rumorte darinnen, Glas zerbrach, Scherben klirrten, der Fußboden dröhnte und bebte, schwere Gegenstände schienen auf den Boden zu krachen.

Den Soldaten standen die Haare zu Berge. War, trotz allen Wachens, jemand eingebrochen und fiel den Prinzen an? Oder war der Prinz vor Schmerz und Verzweiflung in Wahnsinn verfallen? Hatte ihn die Zerstörungswut gepackt?

Keiner der beiden Wachen konnte sich rühren, keiner gab auch nur einen Mucks von sich, keiner wagte es, sich selbst durch die Flucht in Sicherheit zu bringen. Den Raum zu betreten, um dort nach dem Rechten zu sehen, trauten sie sich aber auch nicht. Die Furcht vor dem Ungewissen war größer als das Mitleid mit dem Kranken.

Das Poltern und Lärmen und Klirren horte nicht auf. Was sollten sie tun? Sollten sie überhaupt etwas tun? Die entsetzliche Unruhe blieb in ihnen, trotzdem, ihr Gewissen konnten die beiden Soldaten schließlich doch beruhigen. Sie sagten sich, dass sie für die Wache vorm und nicht für die Wache im Zimmer bezahlt würden. Außerdem hätten sie keinerlei Befehl erhalten, den Raum zu betreten, und ein guter Soldat macht nur das, was ihm befohlen wird und sonst nichts. Unbedingter Gehorsam wäre die größte Tugend eines Soldaten, war ihnen immer wieder eingebläut worden.

Einige Zeit darauf, als es hinter der Tür totenstill geworden war, dachten sie, nun könnten sie sowieso nichts mehr tun, und warteten ungeduldig auf die Morgendämmerung.

In der Früh erschien der Erste der gelehrten Doktoren. Ihm machten sie Meldung von dem unheilvollen Geschehen. Verächtlich hörte er sich kurz das dumme Gerede an. Was die da schon gehört haben wollten! Trotzdem öffnete er vorsichtig die Tür; man konnte ja nie wissen. Und tatsächlich: Im Zimmer sah es aus wie nach einer verlorenen Schlacht. Nichts mehr stand auf seinem Platz. Alles lag wild durcheinander auf dem Fußboden, Scherben der Medizingläser auf dem dicken weichen Teppich, dazwischen verstreut Pillen aller Art und Größe. Hässliche gelbe und braune Flecken von den Essenzen, Salben und Pülverchen vollendeten das Chaos. Kein Tropfen, kein Tränklein, kein Pulver und keine Pille waren mehr vorhanden, die der Kranke hätte einnehmen können.

Der Prinz aber lag friedlich in seinem Bette und schlief wie seit Wochen nicht mehr, tief und fest. An seinen ruhigen und regelmäßigen Atemzügen erkannte der Arzt, dass es ein gesunder Schlaf war. Unheimlich war ihm zumute ob des Zustandes, und doch atmete er erleichtert auf. Auf leisen Sohlen verließ er schnell den Raum, um dem Herzog die frohe Botschaft zu bringen. Dieser eilte sogleich herbei und fand die gute Nachricht bestätigt. Wie ein Lauffeuer sprach es sich herum, dass der Prinz über Nacht auf rätselhafte Weise von seiner schweren Krankheit genesen wäre. Das Gemach füllte sich im Nu, auch die anderen Doktoren waren herbeigeeilt, und bald darauf erwachte der Prinz. Er war von Stund' an tatsächlich gesund.

Niemand konnte sich das Wunder erklären. Die Ärzte waren zum ersten Mal sprachlos.

So sehr der Herzog auch seinen Sohn bat, ihm zu erzählen, was in dieser Nacht vorgefallen war, der Prinz schwieg. Er schwieg darüber an diesem Tag und an allen weiteren. Sei es, dass er nichts gesehen hatte, sei es, dass er nichts sagen wollte oder durfte. Was auch immer, der Prinz war gerettet, blieb gesund und brauchte bis ins hohe Alter hinein keine Medizin.

Alle, die dieses Wunder gesehen oder davon gehört hatten, waren sich darüber einig: Das konnte nur das Petermännchen gewesen sein, der Schutzgeist des Fürstenhauses. Nur er konnte den Prinzen auf so wunderbare Weise gesunden lassen. Die Herren Doktoren jedoch waren im Geheimen felsenfest davon überzeugt, das wäre einzig und allein ihrem Können zu verdanken. Sie hegten sogar den Verdacht, der Schatzmeister des Herzogs hätte den ganzen Spuk ins Werk gesetzt, um ihnen nicht den versprochenen fürstlichen Lohn zahlen zu müssen.

Der dankbare Herzog, der nie so recht an die Geschichten vom Petermännchen geglaubt hatte, ließ von nun an regelmäßig ein ganzes Schüsselchen mit Roten Rüber in den Schlosshof stellen. Das Schüsselchen war nämlich größer als der bislang verwendete Teller.

Sagenort: Schloss, Prinzengemach

Ausgang der Prinzengemächer in den Burggarten (Ansichtskarte von 1920)

Die unheimliche Felsengrotte

Petermännchen hat seine Heimstatt nicht allein im Schweriner Schloss. Er lebt den Sagen nach auch unterm Ziegelsee und bewacht zwei Schatzkammern, eine im Schweriner See und die andere im Ziegelsee. Daneben betreibt er noch eine Schmiede im Pinnower Berg nahe Schwerin. Von Pinnow aus soll er einst auf einem Schimmel zum Schloss Schwerin geflogen sein. Gewöhnlich benutzt er jedoch geheime Gänge unter der Erde, um vom Schloss zur anderen Wohnung, zu den Schatzkammern und zur Schmiede zu gelangen. Niemand weiß, wo die Eingänge genau sind, wie hoch, wie breit sie sind, krumm oder schnurgerade, ob es dort tropft, ob anderes Getier herumspringt oder kriecht oder fliegt und zischende, quakende oder sonst was für Geräusche macht. Der längste dieser Gänge soll vom Schloss aus unter dem Schweriner See entlang zum Großen Stein bei der Insel Kaninchenwerder führen. Hier hat Petermännchen die eine große Schatzkammer, die er sorgsam bewacht. Von dort aus soll der Gang zur anderen Seite des Sees nach Görslow gehen und noch weiter unter dem Pinnower See hindurch bis hin zum Petersberg bei Pinnow. Ein anderer Gang führt vom Schloss unterm Alten Garten entlang in die Stadt, zum ehemaligen Kloster, wo Petermännchen auch einst lebte (als Poltergeist Puck) und wo sich jetzt die Staaatskanzlei befindet, und weiter zum Dom. Dort wird dem Schlossgeist zu Heiligabend Zwieback auf den Altar gelegt. Vom Dom verläuft der Gang dann weiter zum Pfaffenteich bis hin zum Ziegelsee. Unter diesem See befindet sich eine seiner Wohnungen und eine zweite Schatzkammer.

Das Petermännchen duldet unter keinen Umständen, dass jemand ungebeten sein unterirdisches Reich betritt; vor etwas nämlich hat er Furcht, und das sind Gold- und Geldgier der Menschen. Er gibt gerne, ja, gute und fleißige Leute belohnt er reichlich aus seinen Schätzen, aber die Menschen selber zugreifen lassen, nein, das lässt er nicht zu; sie haben kein Maß für das, was sie wirklich brauchen.

Von Petermännchens unterirdischem Reich erzählte so mancher, auch davon, dass einer der Eingänge sich bei der Felsengrotte auf der Burginsel befände. Und es gab viele Leute, die gern gewusst hätten, was sich tatsächlich da unten alles befand. Manche hatten von dem Schatz gehört und hätten ihn gerne besessen, zumindest einen Teil davon. Sie hatten aber nicht den Mut, den Gang selber zu suchen und dann hinab zu steigen.

Eines Tages versuchten sie, einen jungen Soldaten dazu zu überreden. Erst lobten sie ihn über den grünen Klee hinaus, was er doch für ein tapferer Kerl wäre, groß und stark, unerschrocken und mutig wie ein Held. Einer wie er würde sich doch nicht vor so einem kleinen Männchen fürchten! Und sie schmeichelten und lockten und sprachen, was man alles so sagt, wenn man jemanden zu etwas überreden will, was man selbst nicht wagt oder nicht gerne macht. „Natürlich fürchte ich mich nicht vor dem Schlossgeist“, sagte der Soldat. „Aber ich habe keine Lust, den Eingang zu suchen und dann auch noch durch einen dunklen Gang zu kriechen. Der ist vielleicht voller Spinnweben und glitschiger Kröten. Da mache ich mir bloß meine neue Uniform schmutzig!“ „Na, vielleicht bist du gar nicht so mutig, wie es den Anschein hat?“, stachelten die Leute ihn arglistig weiter auf. Der Soldat, jung und unerfahren, wollte einfach nicht als Feigling gelten. Aber noch zögerte er. Scheinheilig meinte einer der um ihn herum stehenden Soldaten: „Es ist sicherlich auch nur Geschwätz, was man sich da von Petermännchen und dem Schatz im See erzählt." „Es gibt überhaupt keinen unterirdischen Gang", rief ein Anderer, „irgendein ein Wichtigtuer hat sich das sicherlich bloß ausgedacht". Und ein Dritter sagte im Brustton der Überzeugung: „Ich selber habe das Gewäsch vom Schlossgeist sowieso noch nie geglaubt. So etwas und all die Schauermärchen denken sich doch bloß die alten Weiber aus. Ist doch alles Humbug." Unser junger Soldat schwieg noch immer und trat unschlüssig von einem Bein auf das andere. Dass man ihn der Feigheit bezichtigen könnte, wurmte ihn sehr. Gleichzeitig fühlte er sich aber auch geschmeichelt, weil man ihn für so mutig hielt, hatte es doch bislang niemand gewagt, den Eingang bei der Felsengrotte zu suchen und dann auch noch hinabzusteigen. Nicht ertragbarer Spott, erhoffter Ruhm und die eigene Neugier trieben und lockten ihn gar zu sehr. Wenn er zurückkäme, würden sich alle um ihn drängen, ihn regelrecht darum bitten zu erzählen, was es dort unten zu sehen gäbe. Er stünde im Mittelpunkt. Im Geiste sah er schon, wie auch die Mädchen seinen Mut bewunderten, wenn er den dunklen langen Gang als recht geheimnisvoll und Gefahren umwoben beschriebe. Allerdings war es ja möglich, dass tatsächlich alles nicht stimmte, was man sich über den unterirdischen Gang erzählte. Warum sollte er dann also Angst haben? So dachte der Soldat. Und als ihm dann einer der Höflinge noch einen Taler anbot, wenn er diesen Schritt wage, da sagte er zu; er war nicht nur jung, sondern auch arm, und etwas Geld zu seinem nicht gerade üppigen Lohn konnte er schon gebrauchen.

Der Soldat legte sein Gewehr und den Tornister ab. Seine Trommel übergab er einem Kameraden. Dieser versprach, fleißig die Schläger zu gebrauchen, um dem Soldaten wie im Krieg bei einer Schlacht Mut zu machen. Der Trommelklang sollte ihm auch den Weg zurück auf die Erde weisen.

Die Trommel wurde gerührt und der junge Soldat stieg bei der Grotte ins Wasser. Die Trommel erklang heftiger, steigerte sich zu einem Trommelwirbel, der Soldat hielt sich mit einer Hand die Nase zu und tauchte unter. Nun hörte man die Trommel einförmig dröhnen, bum-bum-bum.

Der Soldat musste wahrscheinlich den Eingang zum unterirdischen Gang gefunden haben; es war nichts mehr zu hören und zu sehen von ihm, kein Wasserglucksen, keine gurgelnden Blasen, nichts. Nur die Trommel machte bum-bum-bum. Der Soldat war verschwunden. Oh, was waren die Leute neugierig! Und manch einer bedauerte schon, nicht selber hinabgetaucht zu sein. Was für ein Ruhm hätte ihn erwartet! Die meisten Leute aber warteten einfach voller Neugier. Und die Trommel machte bum-bum-bum.

Eine geraume Zeit verging, dann noch eine Stunde und noch eine, die Trommel machte weiter ihr bum-bum-bum. Nun wurden einige schon etwas ungeduldig. Bald aber begannen sie sichtlich unruhig zu werden. Das Getrommele ging ihnen auch auf die Nerven. Wo mag er wohl sein? Warum kommt er nicht endlich zurück? Bis zum Großen Stein oder zum Ziegelsee ist es doch nicht so weit! Er ist vielleicht gar bis zum Petersberg bei Pinnow gegangen? Aber selbst wenn, auch dann müsste er längst zurück ein! So redeten und rätselten sie, alle durcheinander. Sie sprachen von allerlei Gefahren, von mehreren

Gängen, die sich verzweigten und dass der Soldat sich verlaufen haben könnte. Einer meinte sogar, dass im See ein Ungeheuer hauste, das bei der Insel Kaninchenwerder seine Höhle hätte. So mancher wäre schon im See verschwunden und nie wieder gekehrt. Eiliger jetzt wurde die Trommel gerührt, pausenlos, bum-bum-bum, bum-bum-bum. Aber nichts rührte sich dort, wo der Soldat verwunden war.

Noch lange tönte die Trommel. Der Soldat aber war und blieb verschwunden. Niemand von all den Leuten, die ihn überredet hatten, diesen Schritt zu wagen, hatte den Mut, ihn zu suchen. Auch andere nicht. Und so wissen wir bis zum heutigen Tage nicht, was damals wirklich geschah.

Und wenn jemand erzählte, dass das Petermännchen den ungebetenen Eindringling umgebracht hätte, dann gab es niemanden, der widersprach.

Sagenort: Felsengrotte im Burggarten

Felsengrotte im Burggarten (Ansichtskarte von 1920)

Aufregung vorm Glockenturm

Eines Tages empfing der mecklenburgische Großherzog Friedrich Franz III. einen hohen Gast. Stolz führte er ihn durch den Burggarten. Dabei wies er ihn auf die Besonderheiten der Bauten aus den verschiedenen Jahrhunderten hin, die nun zu einem einzigen Gebäude zusammen gefügt waren. „Seit dem 14. Jahrhundert hat meine Familie auf dieser Insel ihren Sitz. Und dreihundert Jahre zuvor schon stand hier eine der Hauptburgen des Stammes der Obotriten," erzählte Königliche Hoheit dem Gast, als sie in den alten Kellergewölben standen. „Ja, und der Sohn eines Obotritenkönigs soll damals in einen Zwerg verwunschen worden sein. Er ist jetzt unser Schutzgeist." Der Gast nickte höflich, lächelte ein wenig, sagte jedoch nichts dazu. Sie betraten den Schlosshof, und der hohe Herr besah sich interessiert und ehrfurchtsvoll den prächtigen Bau mit der reich verzierten Terrakottafassade. Der Großherzog führte ihn in die Festetage, sie wandelten durch die Ahnengalerie mit den Gemälden aller früher regierenden Herzöge, durch den prunkvollen Thronsaal mit seinen eleganten Säulen aus Carrarischem Marmor, durch das Billardzimmer und die Bibliothek mit den kostbaren, ledergebundenen Büchern. Ganz besonders beeindruckt war der Gast von der Farbenpracht der handgearbeiteten und überreich verzierten und vergoldeten Ledertapeten in der Kleinen Audienz und dem Ministerzimmer. Natürlich erinnerte der Großherzog daran, dass die eine der Tapeten ein Hochzeitsgeschenk des berühmten russischen Zaren Peter I. war, als seine Nichte Katharina Iwanowna mit Mecklenburgs Herzog Karl Leopold vermählt wurde. Ja, das war dem hohen Gast natürlich bekannt: Die Herrscher Mecklenburgs waren mit vielen vornehmen Familien Europas verwandt.

Dann schritt der Gastgeber auf eine kleine Tür im Glockenturm der Schlosskirche zu, und nun änderte sich sein selbstbewusstes Gebaren. Zögernd, sichtlich mit sich kämpfend, öffnete er sie. Sie führte in ein kleines Zimmer. Ein Bett, ein Stühlchen und ein Tisch standen darin, also nichts, was die Aufregung des Fürsten erklären konnte. Mit dem gleichen Ernst wie bisher erzählte jetzt der Großherzog, dass sein Vater 1857 dieses Zimmerchen für den Schlossgeist hatte einrichten lassen. Der hohe Herr blickte ihn zweifelnd an, schwieg jedoch. Niemand, fuhr der Großherzog fort, dürfte den Raum betreten, nur das Kammermädchen, das hier sauber machte und täglich das Bettchen herrichtete. „Weshalb das," fragte der erlauchte Gast nun doch sichtlich interessiert. Der Großherzog neigte sich ganz nahe zu ihm und flüsterte fast: „Es gibt sichere Zeichen dafür, dass der Schlossgeist, wir nennen ihn Petermännchen, ab und an hier schläft. Das Kammermädchen hat mehrfach eine kleine Mulde auf dem stets frisch aufgeschüttelten Bettchen gesehen. Und das wurde mir dann auch befehlsgemäß unverzüglich gemeldet."

Zuerst lächelte der Gast verbindlich, dann aber lachte er, laut und lange und schallend: „Und ich hatte beinahe geglaubt, Ihr meint es ernst. Dabei wollt Ihr mich nur auf die Probe stellen, ob ich ich diesen Unsinn auch nur eine Minute lang glauben würde."

Plötzlich ein klatschender Schlag. Das Lachen verstummte, der Gast hielt sich mit schmerzverzerrtem Gesicht die Wange. Verstört und ungläubig wandte er sich seinem Gastgeber zu: „Das geht zu weit, Königliche Hoheit! Niemand darf sich mir gegenüber so ungebührlich benehmen. Auch Ihr nicht!" Wutentbrannt wollte er den ungastlichen Ort verlassen. „Haltet ein, lieber Freund!“ rief der Fürst, den eine schreckliche Ahnung befiel. „Nur nicht zu schnell. Wohl vernahm ich den Schall einer Ohrfeige, die Euch allem Anschein nach traf. Allein, ich bin ebenso überrascht wie Ihr.“ Und nach einer kurze Pause, in der der Gast geschwiegen hatte, fuhr er fort: „Sehr wohl kann ich Euch aber das Geheimnis offenbaren, denn um ein solches handelt es sich hier. Ihr seid das Opfer unseres Hausgeistes geworden. Das Petermännchen duldet nicht, dass man sich über ihn lustig macht.“ Und zu sich selber sagte er, dem Turmstübchen zugewandt: „Was hat mich bloß getrieben, in dein Reich einzudringen. Verzeih mir, Petermännchen.“ Dann wandte er sich wieder seinem Gast zu. „Und verzeiht auch Ihr mir, edler Herr. Ich hätte Euch warnen müssen.“ Mit einem etwas gequälten Lächeln ging der Gast auf das freundliche Friedensangebot ein. Man sah ihm jedoch an, so recht wollte er die Geschichte nicht glauben.

Sagenort: Schlosskirche, Glockenturm

Schlosskirche und Glockenturm (Ansichtskarte von 1920)

Keine besonderen Vorkommnisse?

Vor über zweihundertundfünfzig Jahren gab es in Europa und Amerika einen Krieg, den man den Siebenjährigen Krieg nannte. Kaiser, Könige und Fürsten Europas kämpften gegeneinander, einer wollte dem andern etwas von dessen Land entreißen. Eigentlich kämpften ja nicht sie selber. Hätten allein sie das Schwert und die Flinte in die Hand genommen, wäre vielen anderen Menschen viel Schlimmes erspart geblieben. Nein, sie ließen andere für sich kämpfen. Junge Männer wurden zum Kriegsdienst gezwungen, und das war gesetzlich! Wo das Gesetz nicht reichte, lockten Werber sie mit Geld, und wo auch das Geld den einen oder anderen nicht zu dem Mordserlebnis zog, raubten sie einfach die Männer und pressten sie gewaltsam in die Armee.

In einem Dorf im Süden Mecklenburgs, nahe der Grenze zum Brandenburgischen, gab es einen lebenslustigen jungen Burschen, der wollte solch ein lebensgefährliches Abenteuer nicht mitmachen. Er hatte schon junge Männer gesehen, die ohne Bein oder Arm aus dem Krieg zurückgekehrt waren. Einer seiner Freunde war gar nicht wiedergekommen. Tapfer, ließ man dessen Mutter wissen, hätte er bis zum letzten Blutstropfen gekämpft und dem König alle Ehre gemacht. Gehört hatte der Bursche, dass Werber im Nachbarort jüngst zwei junge Männer betrunken gemacht und dann über die Grenze verschleppt hatten. Nein, er wollte seinen Kopf und Körper nicht hinhalten für die Beutegier eines Königs, er nicht. Was tun? Ein alter Onkel von ihm war einst Wachsoldat im Schweriner Schloss gewesen. Der riet ihm: „Geh nach Schwerin, vielleicht hast du Glück! Ich gebe dir auch einen Brief an meinen früheren Wachtmeister mit." Und er hatte Glück. Der Wachtmeister des Onkels war zwar nicht mehr im Dienst, kannte jedoch seinen Nachfolger und legte ein gutes Wort für ihn ein. Es war gerade eine Stelle frei, und der Bursche war gut gewachsen und hatte ein freundliches Gesicht. So wurde er Wachsoldat im Schweriner Schloss.

Sein Quartier nahm er bei einem Bauern in einem Dörfchen nahe der Residenzstadt Schwerin. Alles erschien ihm ein großes Glück. Er hatte einen guten Lohn, konnte sich beim Wachgang an der herrlichen Natur erfreuen, an Burggarten, See und Schloss. Und er hatte eine Unterkunft bei Leuten seiner Art.

Nur die Nachtwache war ihm nicht so angenehm. Nicht etwa, weil sich der Soldat allein im Dunkeln fürchtete. Das war es nicht. Aber er half oft und auch gerne in der Wirtschaft seiner Quartiereltern. Und wenn er des Tages auf dem Felde gearbeitet hatte und des Nachts Wachdienst hatte, blieb zum Schlafen wenig Zeit. Er war oftmals müde.

So kam es, dass er hin und wieder einnickte, wenn er Posten stand. Bisher war alles gut gegangen, weil das schlechte Gewissen ihn nie fest und lange schlafen ließ. Beim geringsten Geräusch schreckte er auf und war sogleich hellwach. Im selben Moment stand er dann ebenso fix auf den Beinen und hielt das Gewehr vorschriftsmäßig im Arm. Und so fand ihn der diensthabende Wachtmeister vor, auch wenn er zu unterschiedlichen Zeiten kontrollierte. Der junge Soldat galt als zuverlässig.

Eines Tages im Frühsommer gab es im Dorf besonders viel zu tun. Der Himmel war schwarz verhangen, der Wind wirbelte alles hoch, was nicht fest am Boden haftete. Jeden Augenblick konnte der gefürchtete Gewitterregen losplatzen. Das letzte Heu musste noch eingefahren werden. Eile tat Not, alle Hände wurden gebraucht, niemand war entbehrlich. So kam der Soldat an diesem Tag wirklich keine Minute zur Ruhe. Und nun hatte er auch wieder Nachtdienst.

Bis Mitternacht ging alles gut. Sturm und Regen hielten den Soldaten wach. In einen Umhang gehüllt starrte er in die Runde. Dann aber wandelte sich der lang anhaltende heftige Gewitterguss in einen sanft rauschenden Sommerregen. Die Luft war lau und samtweich. Der Soldat beschloss, ein klitzekleines bisschen auszuruhen. Seine Beine waren ihm schwer wie Blei geworden, ja, sie versagten ihm glatt den Dienst. Kaum hatte er sich hingesetzt, da fielen ihm schon beide Augen zu, er schlief ein.

Plötzlich weckte ihn jemand, und das recht unsanft. Im ersten Moment wusste er in seiner Schlaftrunkenheit gar nicht, wo er war, er spürte nur, dass seine Wange heftig weh tat, als ob er soeben kräftig gekniept worden wäre. Der Soldat rieb sich die Augen. Da erblickte er vor sich ein Männchen. Oh weh, der Schlossgeist! Das Petermännchen mit dem großen Schlüsselbund am Gürtel lachte ihn aus. Der Soldat hielt sich die schmerzende Wange, einen derben Fluch auf den Lippen: „Du verdammtes Pe…“ hörte er sich zu seinem eigenen Schrecken sagen. Den Rest konnte er gerade so verschlucken. Da erhielt er noch eine gelinde Ohrfeige, schallendes Gelächter ertönte, und dann war das Männchen verschwunden.

Der Soldat atmete heftig. Schon oft hatte er vernommen, dass der Kleine sich nicht beschimpfen ließe und Unrecht nicht duldete. Soldaten, die während des Dienstes einschliefen, würde er gern necken. Ihre Gewehre sollte er schon auseinander genommen und die einzelnen Teile im Burggarten versteckt haben. Oh, das wäre dem Soldaten heute bitter angekommen. Ja, und wer den Schlossgeist gar beschimpfte, der hätte Schläge und Püffe erhalten, ohne zu wissen, wie ihm geschah.

Der Soldat strich seinen Rock glatt und nahm die vorgeschriebene Haltung wieder an. Da klangen Schritte an sein Ohr. Der Wachtmeister nahte. „Ein Glück," sagte sich der Soldat, „dass der Kleine mich geweckt hat!" Und zur Seite sprach er: „Ich danke dir, liebes Petermännchen." Ihm war, als hörte er ein leises Kichern hinter den Büschen. „Mit wem sprichst du da? Alles in Ordnung, Soldat?", fragte der Wachtmeister. „Jawoll, Herr Wachtmeister. Ich spreche nur mit mir selber." Und dann meldete er vorschriftsmäßig: „Alles in Ordnung. Keine besonderen Vorkommnisse."

Sagenort: Burggarten beim Schloss

Wachhäuschen im Burggarten (Ansichtskarte von 1920)

Ein derber Denkzettel

Ein Maurergeselle aus Schwerin kehrte nach langer Wanderschaft durch Deutschland zurück in seine Heimatstadt. Hier hatte sich inzwischen einiges verändert. Sein alter Meister war gestorben und die Witwe hatte das Geschäft aufgegeben. Eine neue Stelle für den Broterwerb fand er nicht sogleich. Eigentlich wollte er auch gar nicht mehr Maurergeselle sein. Im Sommer war es oft zu warm, und er schwitzte grässlich bei der schweren Arbeit, im Winter war es oft zu kalt, und da hatte er auch keine Freude daran, die Lehmkübel, das Holz und die schweren Steine zu schleppen. So wurde er Soldat. Und er hatte auch noch das Glück, der Schlosswache zugeteilt zu werden. Das war ein Dienst mit einer schönen Uniform und mit gutem Geld, mehr als er als Maurer verdient hätte. Und der tägliche Wachgang um das Schloss herum war für den Wanderburschen ein Leichtes. So ließ es sich leben.

Oft ging er ins Wirtshaus und trank dort ein Gläschen oder zwei. Nicht selten kam es vor, dass er eins über den Durst trank und spät ins Bett fand. Morgens wiederum mochte er gar nicht recht heraus aus dem warmen Bett. Im Dienst war er dann unausgeschlafen und brummig. Die Kameraden kannten seine Art, sprachen ihn an solchen Tagen nur an, wenn es unbedingt sein musste oder mieden seine Gegenwart ganz.

Wieder einmal hatte unser Tunichtgut nach einer durchzechten Nacht Wache. Missmutig stand er auf der Schlossbrücke und fluchte vor sich hin. Alles war ihm zuwider. Wie gern hätte er im warmen Bett gelegen, wie jeder ehrbare Mensch auch. Statt dessen musste er sich sogar noch in der ersten Morgendämmerung die Beine in den Bauch stehen. Und er war doch so müde.

Der Soldat wusste, dass es strengstens verboten war, während des Dienstes zu schlafen. Wurde jemand dabei erwischt, drohten ihm harte Strafen. Am schlimmsten wäre die Entlassung. Wenigstens einen kurzen Moment aber wollte er sich auf die schmale Bank im Schilderhäuschen setzen. Das war zwar auch nicht erlaubt. Aber da konnte ihn niemand so leicht sehen.

Wie er jedoch so saß und der frische Morgenwind sanft in den Wipfeln der Bäume rauschte und die seichten Wellen eintönig ans Seeufer plätscherten, fielen ihm langsam, aber sicher die Augen zu. Bald schnarchte er, dass es eine wahre Pracht war.

Unvermittelt und recht unsanft wurde er jedoch aus seinem süßen Schlummer gerissen. Jemand kniff ihn kräftig in die Wange. Ganz schuldbewusst schnellte der Soldat empor, legte ordnungsgemäß die Hand an die Uniformmütze und erwartete ein Donnerwetter. Aber alles blieb still. Er blickte sich um, keine Patrouille, die auf Kontrollgang war, kein Mensch weit und breit. Trieb etwa das Petermännchen mit ihm seinen Schabernack? Was der Wicht sich herausnahm! Erbost beschimpfte der missmutige Bursche das kleine Männchen. Da bekam er unversehens einige gelinde Hiebe von unsichtbarer Hand. Die brachten ihn jedoch nicht zur Vernunft, wie man annehmen sollte, sondern regten ihn nur noch mehr auf. Auf die übelste Weise, mit den unflätigsten Worten verfluchte er den Schlossgeist. Am liebsten hätte er dem widerwärtigen Zwerg den Hals umgedreht. Wenn er den erwischte! Aber er fasste ihn nicht. Wohin er auch drohend griff, so schnell er sich auch drehte und wendete, wie wild er auch um sich schlug, seine Hände griffen jedes Mal ins Leere. Dafür bekam er viele heftige Püffe und Schläge. Dann endete der Spuk, urplötzlich. Stöhnend betastete der Soldat seinen Leib, ob noch alle Glieder heil wären. Alles tat ihm weh. Da stand, wie aus dem Boden gewachsen, der Wachtmeister vor ihm. Verwirrt nahm der Soldat Haltung an, so gut es ging. Er machte Meldung. „Alles in Ordnung, Herr Wachtmeister“, stotterte er. Für den Wachtmeister schien ebenfalls alles in Ordnung, deshalb verwunderten ihn die Verwirrtheit und das unsichere Benehmen des Soldaten. War der nicht ganz gesund? „Was stierst du mich so blöde an, hä?“, fragte er und leuchtete dem Soldaten forschend ins Gesicht. Da sah er dessen verquollene Augen mit den blauen Veilchen. Aber das war nichts Besonderes. Soldaten prügelten sich gern mal, wenn sie dienstfrei hatten. Meistens ging es um ein Mädchen. Der Bursche, noch ganz benommen, antwortete nicht gleich. „Musst das nächste Mal etwas schneller sein bei deinen Zechbrüdern, dann steckst du nicht so viel Hiebe ein,“ sagte der Wachtmeister nur. Dann fügte er hinzu: „Hauptsache, du lässt dich nicht beim Schlafen erwischen. Das andere ist deine Sache. Obwohl“, sagte er zögernd, „ich brauche hier Leute, die gesund und munter sind. Halt dich künftig gefälligst aus den Prügeleien heraus!“ Damit ging er weiter.

Der Wachsoldat stand beschämt da und schüttelte den benebelten Kopf. Was hatte er doch für ein Glück gehabt! Aber, überlegte er, nachdem die Gefahr vorüber war, es war nicht gerade eine angenehme Art und Weise, wie er zu diesem Glück gekommen war. Ob er nicht doch lieber als Maurergeselle arbeiten sollte?

Sagenort: Schlossbrücke

Wachhäuschen auf der Schlossbrücke (Ansichtskarte von 1910)

Der Wüstling im Milchzimmer

Ein im fürstlichen Dienst stehender Gartenknecht besaß eine ebenso schöne wie tugendhafte Tochter. Einer der höheren Schlossbeamten hatte schon lange ein Auge auf sie geworfen. Er ahnte, dass er ihr gewiss nicht gefallen würde. Mit seinem vom vielen Nichtstun aufgeschwemmten Körper und dem verlebten Gesicht konnte er schwerlich ein junges, frisches Mädchen betören. Vor allem aber spürte sie hinter seinem schmeichlerisch vornehmen Getue ein abstoßendes gemeines Wesen. Er jedoch meinte, wenn er dem Mädchen einen hübschen Ring oder eine Kette mit glänzenden Perlen schenkte, würde sie ihm schon zu Willen sein. Sie war ja nur die Tochter eines niederen Bediensteten.

Seinen Einfluss hatte er schon oft dazu genutzt, begehrenswerten Mädchen den Verlust ihrer Stellung bei Hofe anzudrohen, wenn sie seinem Gelüst nicht nachgaben. Die armen Mädchen fürchteten sich vor beidem, die Arbeit zu verlieren und zu tun, was der Beamten wollte. Aber es war sehr schwer, einen Verdienst zu finden, von dem man leben konnte, und so fügten sie sich oftmals seinem Willen. Wer sich jedoch in diesen Zeiten einem Mann ergab, ohne mit ihm verheiratet zu sein, der galt als ehrlos. Und ein Mädchen, das seine Ehre verloren hatte, wollte niemand mehr heiraten oder in Dienst nehmen. Meist musste es in die Fremde ziehen.

Das wusste die schöne Gartenknechtstochter. Und auch deshalb wies sie die Geschenke des aufdringlichen Schlossbeamten und seine schändlichen Anträge ab. Da bot er ihr schließlich einen prall gefüllten Beutel Goldtaler. Sie aber wollte lieber arm sein, wenn es anders nicht ging, als reich und verachtet. Ihr beharrliches Weigern steigerte das Verlangen des alten Lüstlings jedoch nur noch mehr. Er musste das schöne Mädchen in den Armen halten! Ging es mit Geschenken, Geld oder Drohungen nicht, so sollten List und Gewalt ihn zum Ziel führen.

Mit seinem Geld gelang es ihm, zwei ehrlose Gesellen als Helfershelfer zu dingen. Scheinheilig liefen sie eines Abends zu dem Mädchen, setzten eine bekümmerte Miene auf und baten sie Hände ringend, doch um alles in der Welt den Mägden im Milchzimmer zu helfen. Zwei von ihnen wären krank geworden, und die anderen schafften und schafften es nicht, die Butter und die Sahne, den Quark und die süße Milch für die vielen Gäste beim morgigen Fest zu bereiten. Eine kräftige Frauenhand wäre von Nöten.

Das mitleidige Mädchen folgte den beiden Gesellen gutwillig und arglos. Kaum hatte die Gartenknechtstochter das Milchzimmer betreten, da fiel die Tür hinter ihr krachend ins Schloss. Sie sah keine Mägde, die butterten oder Sahne schlugen, im Gegenteil, da war kein Mensch und alles war fein säuberlich weggeräumt und das ganze Zimmer blitzblank gewischt. Vor ihr stand plötzlich der feiste Beamte, der sie schon so oft auf widerliche Art bedrängt hatte. Seine grobschlächtige Gestalt war in einen farbigen Anzug von glänzendem Atlas gepresst und in eine Wolke süßlichen Parfüms eingehüllt. Es verschlug ihr den Atem. Er selber jedoch fand sich unwiderstehlich charmant. Selbstgefällig lächelnd näherte er sich. In der geöffneten Hand lagen blinkende Goldstücke. Seine Augen funkelten begehrlich. Die Absicht war unverkennbar.

Das zu Tode erschrockene Mädchen glaubte sich verloren. Sie war allein. In ihrer Verzweiflung warf sie sich dem Beamten zu Füßen, umschlang seine unförmigen Beine, weinte und flehte, bat und beschwor ihn, er möge sie um alles in der Welt doch verschonen. Er grinste nur hämisch, hob die Zitternde empor und riss sie an sich. Da schrie sie vor Angst und Entsetzen gellend um Hilfe. Im Moment überrascht ließ er sie los. Sie rannte zur Tür. Verschlossen! Wie von Sinnen rüttelte sie an der Klinke, keines klaren Gedankens mehr fähig. Nichts rührte sich. Gab es keinen anderen Ausweg? Sie drehte sich um und prallte gegen den Beamten. Den belustigte nur ihr Tun. So ein törichtes Ding! Schallend lachte er. Das Mädchen aber verstummte furchtsam. Sie könne ruhig weiter schreien, solange und so laut sie nur wolle, kicherte er. Weit und breit sei keine Menschenseele; er hätte alles wohl bedacht. Weshalb habe sie sich bislang auch so geziert. Ja, ja, es hätte nicht so zu kommen brauchen. Alles wäre ganz allein ihre Schuld. Das Mädchen war wie gelähmt, starrte ihn an, sah nur, wie seine Lippen sich auf sie zu bewegten.

Da, von niemandem erwartet, flog mit lautem Getöse die Tür auf. Und ehe es sich der schändliche Wüstling versah, erhielt er einen so derben Schlag, dass er besinnungslos zu Boden stürzte. Das halb ohnmächtige Mädchen nahm eine kleine Gestalt wahr, die sich über den Schurken beugte und sich dann aufrichtete. Gütig blickte das Männchen sie an und nickte ihr aufmunternd zu. Das konnte nur der Schlossgeist sein, das Petermännchen.

Da erst ward ihr bewusst, dass sie gerettet war. Vor Glück und Dankbarkeit wusste sie sich kaum zu fassen. Nach all der Angst und dem Schrecken lösten sich ihre Tränen und flossen wie zwei Bächlein über ihre zarten Wangen, nun aus Freude. Als sie dem Männchen danken wollte, war es jedoch verschwunden.

Zu Hause angekommen, fand das Mädchen in ihrer Tasche eine Handvoll schöner blanker Goldstücke.

Ein redlicher Handwerksbursche hielt bald um ihre Hand an. Sie feierten Hochzeit und lebten froh und glücklich.

Erst nachdem sie viele Jahre miteinander verheiratet waren und schon große Kinder hatten, erzählte die Gartenknechtstochter ihrem Mann von den Nachstellungen des Schlossbeamten und ihrer glücklichen Errettung durch das Petermännchen.

Der Schlossbeamte soll zur Strafe für sein schändliches Treiben zeitlebens ein schiefes Gesicht behalten haben. Nie wieder wagte er es, einem Mädchen Gewalt anzutun. Ob er sich änderte und ob ihn jemals ein Mädchen um seiner selbst willen liebte, ist nicht überliefert.

Sagenort: Schloss, Milchzimmer

Milchzimmer im Schloss (Ansichtskarte von 1920)

Der lügenhafte Langfinger

Eines Tages geschah im Schloss etwas, das die Gemüter aller Diener und Beamten aufs Höchste erregte. Am meisten aber waren der herzogliche Hofstaat und die fürstliche Familie von der Ungeheuerlichkeit betroffen.

Über Nacht verschwanden spurlos wertvolle Kostbarkeiten, Perlen, Edelsteine, ein Ring mit dem Monogramm des Herzogs, ja, auch das Diadem der Herzogin. Nach einem rauschenden Ball hatte das fürstliche Paar die Kleinodien im Schlafgemach in eine goldene, mit Diamanten verzierte Schatulle gelegt, und am nächsten Morgen konnte man nichts mehr finden, nicht einmal die Schatulle. Der Verdacht fiel auf einen alten Diener. Dieser versah seit vielen Jahren treu und redlich seinen Dienst im Schloss, wobei er auch die herzoglichen Gemächer betreten musste. Treu und redlich? Nein, ein Ungeheuer war er! Auf gemeine Weise, hinterlistig, nein, schlimmer, ganz und gar heimtückisch, ja, richtig, heimtückisch und boshaft und verschlagen, hatte er sich, über Jahre hinweg Achtbarkeit vortäuschend, das Vertrauen erschlichen - um es dann schamlos zu missbrauchen! Die Entrüstung war unbändig.

Natürlich hatten die in feinen Atlas gekleideten, wohl duftenden Kammerherren mit ihren gepuderten Perücken ebenfalls Zugang zu diesen Räumen. Aber solch hochgestellten Personen traute man diese ruchlose Tat nicht zu. So musste es, so konnte es nur der alte Diener gewesen sein!

Hartnäckig leugnete dieser. Und er war, allen Drohungen zum Trotz, nicht bereit, auch nur ein einziges Stück des Diebesgutes herauszugeben. Man warf ihn in den Kerker. Bei fauligem Wasser und schimmligem Brot sollte er in der feuchten Kälte schmachten, bis er die Tat gestehen und die Kostbarkeiten zurückgeben würde.

Niemand glaubte ihm, niemand legte ein gutes Wort für ihn ein. Frau und Sohn vertrauten ihm, aber man ließ sie nicht ins Schloss, sie durften nicht einmal mit dem abgefeimten Verbrecher, wie es hieß, sprechen, geschweige denn ihn sehen.

Nur ein einziger wusste ganz genau, dass der alte Diener unschuldig war, das Petermännchen.

Der Schlossgeist duldete kein Unrecht. Er wartete auf den rechten Zeitpunkt. In der Zwischenzeit kümmerte er sich um den unschuldig Eingesperrten, brachte dem Alten warme Decken, wohlschmeckende Speisen und frische Getränke. So gut hatte der Diener nicht einmal in Freiheit gespeist. Der Kerkermeister wunderte sich höchlichst; der alte Diener ließ seine Gefängniskost, das stinkende Wasser und das trockene, harte, ungenießbare Brot, unberührt stehen und war seltsamerweise guter Dinge. Manchmal schien es ihm, als hätte er dessen Sohn, der als Küchenjunge im Schloss Dienst tat, in der Nähe herumstreichen sehen. Jedenfalls huschte da ab und an eine kleine, weiß gekleidete Gestalt um die Ecke. Aber er wurde ja nicht fürs Denken bezahlt, sondern für das Bewachen der Gefangenen. Und die saßen oder lagen alle in ihren elenden Löchern, einer wie der andere. Das genügte ihm.

Endlich kam die Gelegenheit, auf die der Schlossgeist gewartet hatte. Er schlich sich heimlich in das Zimmer des Diebes und entnahm aus der gestohlenen Schatulle ein paar Ohrgehänge, die goldene Kette mit dem Perlen besetzen Anhänger und vor allem den Ring des Herzogs mit seinem Monogramm. Dann begab er sich unsichtbar zu dem Kammerherrn. Dieser stolzierte mit blasiertem Lächeln durch die festlich erhellten Räume. Unbemerkt steckte Petermännchen ihm die goldene Kette in die Tasche, jedoch so, das der Anhänger mit den Perlen, für alle weithin sichtbar, herausbaumelte. Selbstsicher und hoch erhobenen Hauptes betrat der Kammerherr den Ballsaal. Mit dem goldverzierten langen Zeremonienstock klopfte er dreimal auf den Boden. Die Gespräche verstummten. Mit lauter Stimme und ehrwürdigen Worten kündigte er das Erscheinen der Herzogin an. In dem Moment, als alle Blicke sich auf ihn richteten, warf der Schlossgeist das Ohrgehänge und den Siegelring auf den Pakettboden, genau zu Füßen des Kammerherrn. Der sah nur ganz kurz nach unten, erblasste, wankte, hielt sich aber noch aufrecht. Nebenstehende Herren, in der Annahme, der würdige Zeremonienmeister hätte soeben etwas verloren, bückten sich, hoben den Schmuck auf und wollten ihn zurückgeben. Der Kammerherr jedoch wich erschrocken zur Seite, hob abwehrend beide Hände und stotterte unverständliche Worte. Einem der Herren fiel das Monogramm des Herzogs auf dem Ring in die Augen. Er erinnerte sich des schon länger zurück liegenden Diebstahls, und nun kam der Stein ins Rollen. Woher er denn diesen Ring hätte, wurde der Kammerherr gefragt. Der, obwohl gar nicht verdächtigt, leugnete, der Dieb zu sein und beteuerte seine Unschuld auf das Heftigste. Von nichts wollte er etwas wissen. Steif und fest behauptete er sogar, den Ring in seinem Leben zum ersten Mal gesehen zu haben. Es müsste ein anderer gewesen sein, der ihn soeben verlor, warum gerade er?

Beinahe wäre ihm geglaubt worden. Aber da sah man den Perlenanhänger der Goldkette an seiner Hosentasche, lustig baumelte er hin und her. Nun war jegliches Abstreiten sinnlos. Und der hohe Herr, der ehrwürdige Meister der feierlichen höfischen Handlungen, wünschte tatsächlich, auf der Stelle im Boden zu versinken, ja, nie geboren worden zu sein.

Man durchsuchte sein Zimmer und fand das übrige Diebesgut. Der lügenhafte Langfinger erhielt seine gerechte Strafe und war die längste Zeit Kammerherr gewesen. Des Landes verwiesen, musste er in der Fremde sein Brot verdienen.

Für den alten Diener öffnete sich unverzüglich die Kerkertür. Ein Jedermann, der ihn sah, verwunderte sich ob seiner Wohlgenährtheit und Frische nach der monatelangen Haft bei Wasser und Brot.

Bis an sein Lebensende blieb der Alte ein geachteter Mann. Und wenn ihn seine Freunde fragten, wer ihm denn zu seinem Recht verholfen und ob gar das Petermännchen die Hand im Spiele gehabt hätte, dann lächelte er nur und sagte: „Wer weiß? Wer weiß?“

Sagenort: Schloss, Goldener Saal

Der Goldene Saal (Ansichtskarte von 1910)

Der verhinderte Dieb

Man kann es glauben oder nicht: Es soll tatsächlich im Schweriner Schloss einen Langfinger gegeben haben, der von Herzen froh darüber war, dass sein gründlich vorbereiteter Beutezug in letzter Minute vereitelt wurde. Und das war so.

Die Silberkammer des Schlosses barg wertvolle Teller und Bestecke, Becher, Schalen, Terrinen und was sonst noch die Zierde einer fürstlichen Tafel sein mochte, alles gefertigt aus reinem Silber. Vor festlichen Anlässen putzten und polierten die Silberdiener das Tafelgeschirr eifrig, bis das edle Metall seinen schimmernden Glanz entfaltete und die Gravuren blitzten und blinkten. Auf der reich gedeckten herzoglichen Tafel zog es im warmen Schein der Kerzen die bewundernden Blicke der Gäste auf sich.

Ein fürstlicher Essenträger hatte sich in eine der Schalen richtiggehend verliebt. Bei Festen reichte er duftendes Brot in ihr. Mit geschickter Hand hatte ein Künstler die Muster vielblättriger Kornblumen, zarten Klatschmohns und schwerer Getreideähren in die Schale gehämmert und ziseliert. Man schaute auf einen Erntekranz und meinte, den Duft des Kornfeldes mit dem reifenden Getreide einzuatmen. Dem Diener erschien die Brotschale sogar im Traum. Bald genügten ihm nicht mehr die wenigen Augenblicke des Auftischens, währenddessen er sie in den Händen halten durfte. Er trachtete danach, sie ganz für sich allein zu besitzen. Dem Wunsch sollte bald die Tat folgen, so sein Plan.

Er wartete das nächste Fest ab, bei dem das Silbergeschirr wieder zu Ehren kam. Als die Tafel aufgehoben wurde, wusste er es so einzurichten, dass gerade er die so heiß begehrte Schale als letzter in der Dienerreihe hinaus trug.

Sein Plan war wohlüberlegt einfach. Das benutzte Geschirr wurde im Vorraum der Silberkammer gewaschen und erneut poliert. Um vom Speiseraum in der Beletage dorthin zu gelangen, mussten die Diener eine Wendeltreppe zur anderen Etage hinuntersteigen. Zur Silberkammer führte dann ein schwach erleuchteter Gang. Und dieser Gang, der war seine Gelegenheit.

Der Essenträger blieb hinter den anderen Dienern etwas zurück. Keiner drehte sich um; jeder musste achtgeben auf das, was er in den Händen hielt. Rasch versteckte er die Silberschale in einer tiefen, im Dunkeln liegenden Fensternische. Dann eilte er in den herzoglichen Speisesaal zurück, tat, als wäre er besonders schnell gewesen, griff ein Körbchen mit dem restlichen Silbergeschirr, raste die Wendeltreppe hinunter und langte mit den anderen bei der Abwäsche an. Sein Atem ging stürmisch, das Herz wummerte wild, die Knie waren ihm weich, aber niemand außer ihm selber bemerkte das.

Der Diener in der Silberkammer nahm später die gewaschenen und polierten Stücke in Empfang. Er prüfte sie und stellte zufrieden jedes an seinen angestammten Platz. Dabei fiel ihm natürlich die freie Stelle auf, wo sonst die Brotschale stand. Unruhig forschte er nach ihrem Verbleib. Von den Abwäschern

konnte sich keiner erinnern, sie gereinigt zu haben. Die fürstlichen Essenträger dagegen beschworen, nichts auf der Speisetafel vergessen und auch den kleinsten Löffel noch abgeräumt zu haben, was ja auch der Wahrheit entsprach. Vernehmlich bekräftigte der Dieb: „Ich trug zuletzt mit eigenen Händen das Körbchen mit all dem Besteck in die Abwäsche." Auch das war wahr. Sie standen vor einem Rätsel.

Es war schon sehr spät geworden an diesem Abend, man beschloss, das geheimnisvolle Verschwinden der Schale am nächsten Morgen gründlich aufzuklären. Und ein jeder ging in seine Kammer.

Spät in der Nacht schlich der Dieb die Wendeltreppe hinunter in den Gang, wo er die Schale versteckt hatte. Er nahm sie aus der Nische und umwickelte sie mit einem Tischtuch. Ebenso unbemerkt wie er gekommen war, wollte er auch den Rückweg antreten.

Da hörte er ein Geräusch, als ob eine Tür einklinkte. Ihn durchfuhr ein Schreck. Tatsächlich, auf geheimnisvolle Weise hatte sich unmittelbar vor ihm die Tür zur Wendeltreppe geschlossen. Er rüttelte, aber sie ließ sich einfach nicht öffnen. Der Dieb war in eine Falle geraten. Finsternis umfing ihn, zuvor erwünscht, nun verhasst. Da, was war das? Ein heller Nebel erschien wie eine kleine geisterhafte Gestalt, schwebte über den Boden des dunklen Ganges und erleuchtete schwach die Tür zur Silberkammer. Von unsichtbarer Hand geöffnet, drehte sie sich knarrend in den Angeln. Dem Diener sträubten sich die Haare. Er rieb sich die Augen, nein, das war keine Einbildung. Deutlich sah er, wie die kleine Gestalt auf die verhüllte Schale und dann auf die offene, nun hell erleuchtete Silberkammer deutete. Der Schlossgeist Petermännchen? Der wollte ihm die sauer gewonnene Schale streitig machen?! Das werden wir erst noch sehn, dachte der Dieb. Er hatte sich wieder gefasst; nicht mal im Traum würde er sich von seiner kostbaren Beute trennen. Nach Hause würde er sie tragen und sich zu jedem Abendschmaus auch einen Augenschmaus gönnen. Die fürstliche Familie besaß so viele andere herrliche Dinge, an denen sie sich erfreuen konnte, und beachtete die Kostbarkeiten oft gar nicht mehr. Was machte es da schon aus, wenn ein einziges Stück fehlte? Der Essenträger war entschlossen, den Schatz in seinen Armen zu verteidigen wie sein Leben, komme, was wolle.

Da, wie ein Blitz aus heiterem Himmel, stand das Männchen mit drohender Gebärde unmittelbar vor ihm. Respektlos wollte der Diener es zur Seite stoßen und sich gewaltsam einen Weg bahnen. Er kam jedoch nicht dazu. Von allen Seiten prasselten Schläge auf ihn herab. Mit einer Hand hielt der Essenträger die Schale, und mit der Anderen schützte er den Kopf. So wollte er entfliehen und sich und die Beute in Sicherheit bringen. Er stolperte jedoch über die eigenen Beine, verlor seinen Schatz und fiel. Hände knufften und Fäuste pufften ihn wieder und wieder, überall. Arme und Beine, Rücken und Hinterteil wurden gnadenlos durchgewalkt. Er glaubte, keinen heilen Knochen mehr im Leib zu haben.

Auf einmal endete der Überfall, so schlagartig, wie er begonnen hatte. Mühsam erhob sich der verbleute Dieb. Als er fühlte, dass er sich noch bewegen konnte, ergriff er schnell wieder die Silberschale und wollte davon, jedoch - man glaubt es kaum - die Beine liefen, zu seiner großen Verwunderung, in Richtung

Silberkammer. Da wollte er doch gar nicht hin! Allein es half kein Drehen und Wenden, er konnte nicht anders, der diebische Essenträger schien einer fremden Macht ausgeliefert zu sein. Die Tür zur Silberkammer stand immer noch offen. Mit schlafwandlerischer Sicherheit führte ihn etwas zum Schrank mit der einzigen leeren Stelle, und seine Hände stellten wie von selbst die silberne Schale an ihren Platz.

Alles hatte wieder seine Ordnung.

Augenblicklich fühlte sich der Essenträger erleichtert, befreit atmete er auf und verließ die Silberkammer. Ihre Tür schloss sich hinter ihm, die Tür zum Wendelstein vor ihm öffnete sich. Leichtfüßig gelangte er zu seiner Kammer, legte sich zu Bett und schlief sogleich ein.

Der verantwortliche Diener der Silberkammer dagegen verbrachte aus Sorge um die verloren geglaubte Schale eine schlaflose Nacht. Als er des anderen Tags die Silberkammer betrat, rieb er sich mehrmals die Augen, erst vor Müdigkeit, dann vor Überraschung. In voller Pracht strahlte ihm die Silberschale entgegen. Welch ein Glück! Und es war kein Traum. Ob da der Schlossgeist seine Hand im Spiel hatte?

Sagenort: Schloss, Gang zur Silberkammer

Schlosstreppe

Das Geheimnis um die goldene Tuchnadel

Über zweihundert Jahre ist es her, da geschah dem herzoglichen Hofkonditor Rauer in Schwerin etwas Unfassbares. Es war so seltsam, dass er seiner Frau und den Kindern strengstens verbot, irgend jemandem auch nur ein Sterbenswörtchen davon zu erzählen. Erst nach dem Tode des Herrn Rauer erfuhr der Präpositus Schenke durch dessen Tochter die Erlebnisse ihres Vaters, und durch ihn sind sie uns überliefert.

Herr Rauer galt als ein redlicher Mann und ward von allen, die Umgang mit ihm hatten, sehr geachtet. Und er war auch wirklich ein höflicher und ordentlicher und auf gute Manieren bedachter Herr. Im Schloss auf der Burginsel besaß er ein eigenes Dienstzimmer. Hier verwahrte er in einem Wandschrank die Kleidung, die er bei Hofe trug. Er hatte sie eigens dafür schneidern lassen. Aber auch Backbücher, mit auserlesenen Rezepten für die köstlichsten Torten, Kuchen und Plätzchen, und was ihm sonst von Wert schien, legte er in diesen Schrank und verschloss denselben stets sorgfältig. Nur er allein besaß einen Schlüssel dazu, und er achtete darauf, dass er ihn nicht verlegte. Nie musste er nach einem Gegenstand suchen, nie fehlte ihm etwas. Er war tatsächlich ein mustergültiger Mensch.

Da er sich Tag für Tag im Schlosse aufhielt, blieb es nicht aus, dass er neben dem üblichen Hofklatsch auch das Geflüster von geheimnisvollen Ereignissen vernahm. Das waren Geschichten vom Blocksberg und der Schwarzen Hexe, von dem Kerl, der die Kinder in den Sack steckt, vom Dümmling und vom König Blaubart. Unter den Spuk- und Gruselgeschichten, die so manchem die Haare zu Berge steigen ließen und eine Gänsehaut über den Rücken jagten, waren besonders die vom Schlossgeist beliebt. Einige aus dem Gesinde wussten zu berichten, wie Petermännchen so etliche Bedienstete schon gestraft, andere wiederum belohnt hätte. Es gab sogar Leute, die ihn mit eigenen Augen gesehen haben wollten. Der Hofkonditor pflegte über diese Erzählungen nur zu lächeln. Er hielt sie, und das sagte er offen und vernehmlich, für reinen Aberglauben.

Aber dann geschah ihm das Unerhörte.

Das Weihnachtsfest stand vor der Tür. Fast in jeder freien Minute eilte Herr Rauer von Geschäft zu Geschäft. Als liebevoller Vater hatte er sich natürlich rechtzeitig und auch erfolgreich um passende Geschenke für die Kinder bemüht. Diesmal waren es Handpuppen, mit denen sie gemeinsam nach Herzenslust spielen konnten, während die Eltern das neugierige und Beifall klatschende Publikum bilden würden. Ja, er liebte es sehr, den Seinen eine Freude zu machen und lang gehegte Wünsche zu erfüllen.

Für seine Frau aber lief er sich beinahe die Schuhsohlen ab, hatte bisher jedoch nichts Geeignetes gefunden. Es sollte natürlich etwas von besonderer Schönheit sein. Nach vielem Suchen und Prüfen fand er endlich, durch einen Zufall, ein herrliches Geschenk bei einem Goldschmied, das er, ohne zu zögern, sofort kaufte. Es war eine Tuchnadel, ein Einzelstück von ausgesucht feiner Arbeit. Ein Junker hatte sie für seine Geliebte anfertigen lassen und dann aus irgendwelchen Gründen nicht abgeholt.

Herr Rauer war sich sicher, dass dieses Weihnachtsgeschenk für seine Gemahlin eine große Überraschung sein würde. Er fürchtete jedoch, die Frau könnte die goldene Tuchnadel schon vor der Zeit erspähen. Gerade vor dem Fest hatte sie ihre Augen überall. Sie liebte zwar Überraschungen, konnte jedoch auch ihre Neugier nicht bezähmen. Kein Schrank, keine Schublade war in der Vorweihnachtszeit vor ihr sicher. Unter dem Vorwand, endlich mal wieder Ordnung schaffen zu müssen, durchforschte sie dann jedes Regal, jeden Schrank und was ihr sonst noch als Versteck geeignet schien.

Herr Rauer wusste um die liebenswerte Schwäche seiner Angetrauten, wollte ihr jedoch auch die Freude der Überraschung nicht verderben. Deshalb nahm er die Schachtel mit dem Schmuck nicht mit nach Hause, sondern verwahrte sie im Wandschrank seines Dienstzimmers im Schloss. Den Schlüssel behielt er wie gewohnt bei sich. Die Überraschung sollte ihm doch gelingen! Auf dem Wege nach Hause sah er das so oft betrachtete Schmuckstück im Geiste vor sich. Wieder und wieder erfreute er sich an der kunstvollen Arbeit. In wahrlich meisterhafter Geschicklichkeit angebracht, zierten winzige, farbig glänzende Emailstückchen in reizender Anordnung die Tuchnadel. Eine Vielzahl matt schimmernder kleiner Perlen bildete einen anmutigen Kontrast dazu. Am allerschönsten erschien dem Hofkonditor das goldene Herz in der Mitte, über welchem sich zwei Tauben schnäbelten. Oh, wie funkelten ihre Diamantaugen, wenn man die Nadel im Licht drehte und wendete! Er lächelte beglückt, als er daran dachte, was für Augen erst seine Frau machen würde, wenn sie dieses Schmuckstück in den Händen hielte.

Es fiel ihm ziemlich schwer, ihr zu Hause nichts von der Überraschung zu erzählen. Dies und jenes entschlüpfte ihm aber doch, und, so meinte er bei sich selber, wenigstens dürfte er ihr sagen, dass er schon ein recht ansehnliches Weihnachtsgeschenk für sie hätte und hoffe, es würde gut zu ihr passen und ihr ebenso gefallen wie ihm. Als er noch hinzufügte, dass beim Neujahrsball so manche Dame sie bewundernd anblicken würde, stachelte er ihre Neugier aufs Höchste an. Weiteres Bitten aus ihrem Munde, doch wenigstens die Farbe oder Größe des Gegenstandes zu verraten, half jedoch nichts. Fast hätte er schon zu viel gesagt, ward ihm bewusst. Er schwieg und schmunzelte nur zufrieden, als seine Frau durch Raten versuchte, das ihr zugedachte Geschenk in Erfahrung zu bringen.

Am nächsten Morgen ging der Hofkonditor wie gewohnt ins Schloss, öffnete die Kammertür und dann den Wandschrank; sein erster Gedanke galt der Tuchnadel. Behutsam nahm er die Schachtel aus dem Schrank, setzte sich an den Tisch und öffnete sie. Erstaunen und Erschrecken ließen sein Herz schneller schlagen und dann fast stocken. Die Tuchnadel - sie war in ihre einzelnen Teile zerlegt und diese in kleine Häufchen sortiert! Langsam erst fasste sich der Konditor. Wie hatte das nur geschehen können? Das Zimmer fand er doch genauso vor, wie er es am Abend verlassen hatte! Nichts war verändert. Kein Mensch konnte die Kammer betreten haben. Verwirrt und nachdenklich ging er an die Arbeit.

So viel wie an diesem Vormittag war ihm schon lange nicht mehr missglückt. Die Mohnhörnchen brannten an, die Käsetorte, auf die er mit Recht stets stolz sein konnte, fiel in sich zusammen. Den von allen begehrten duftenden Apfelkuchen

bestreute er mit Salz statt mit Zucker, und die wunderschöne Schokoladentorte, eine wahre Augenweide, rutschte ihm von der Platte auf den Boden. Das alles konnte nur geschehen, weil er mit den Gedanken nicht bei der Arbeit, sondern bei der Tuchnadel war. Sie musste wieder zusammengesetzt werden, eine zweite dieser Art gab es nicht, das war gewiss.

Der Konditor verzichtete auf das Essen, als die Mittagszeit nahte. Der Appetit war ihm gründlich vergangen. Er lief eiligst in seine Kammer, holte die Schachtel mit dem einstigen Prunkstück und brachte sie auf dem schnellsten Wege zum Goldschmied. Dieser erstaunte nicht wenig, als er seine Arbeit so sah, wie er sie einmal begonnen hatte. Auf die Einzelteile blickend, konnte er die Verwirrung nicht verbergen. „Wer das gemacht hat, muss ein noch größerer Meister sein als ich," sagte er. „Nicht das kleinste Stück Email ist abgeplatzt, die Perlen haben auch nicht den geringsten Kratzer. Wie ist es nur möglich, dass sie jemand so unversehrt aus der glasharten Klebmasse herauslösen konnte?" Das konnte Herr Rauer auch nicht sagen. Er war jedoch sehr froh, als er hörte, dass alles vollständig und heil sei und fragte nun erwartungsvoll: „Dann könnt Ihr alles wieder zusammensetzen wie zuvor?" „Natürlich," antwortete der Goldschmied selbstsicher. „Aber weil es so eine kunstvolle Arbeit ist, wird es einige Tage dauern." Und ein paar Taler würde er dafür schon berechnen müssen. Für seine Frau komme es ihm auf einen Taler mehr oder weniger nicht an, wenn die Nadel nur bis zum Fest fertig wäre, erwiderte der Konditor, dem nun doch ein Stein vom Herzen fiel.

Erwartungsvoll und frohgemut erschien Herr Rauer einige Tage später zu der vereinbarten Zeit im Geschäft, um die reparierte Tuchnadel abzuholen.

Mit ernstem Gesicht trat ihm der Goldschmied entgegen. Es sei ihm wirklich sehr, sehr peinlich, hörte er ihn sagen, aber er habe beim besten Willen kein einziges Teil mit einem anderen zusammenfügen können. Er beteuerte dem fassungslosen Hofkonditor, alles Erdenkliche und Menschenmögliche getan zu haben. Sofern eine Perle befestigt schien und er nach der nächsten gelangt hätte, wäre erstere wieder abgefallen. Selbst mit Hilfe seiner geschicktesten Gesellen hätte er den Schmuck nicht wieder zusammensetzen können. Solange er Goldschmied sei, solches sei ihm noch nicht vorgekommen. Hier müsse eine höhere Gewalt im Spiele sein. Der Herr Hofkonditor möge sich bedenken, ob er nicht irgendjemandem ein Unrecht zugefügt habe.

Mit kummervollem Herzen kehrte Herr Rauer ins Schloss zurück. Hin und her sann er, wen er beleidigt haben könnte. In seiner Geistesabwesenheit nahm er den falschen Weg zu seiner Kammer. Er fand sich plötzlich auf der Obotritentreppe beim Vorraum zur Beletage. Da fiel sein Blick auf die Türfüllung mit dem Abbild eines Zwerges. Der kleingewachsene Mann trug einen hohen, mit Federn geschmückten Hut, Stulpenstiefel und eine Mühlsteinkrause. Schon oft hatte der Hofkonditor das Gemälde gesehen, von dem behauptet wurde, es stelle den Schlossgeist Petermännchen dar. Nie hatte er den geringsten Gedanken an solch abergläubisches Gewäsch verschwendet. Nun blickte er das Männchen aufmerksam an. Mit betrübtem Gesicht stand es da auf seinen hölzernen Stelzen. Wollte es dadurch größer wirken, als es war? Aber etwas Geisterhaftes konnte er an der Gestalt nicht entdecken. Er musste an den Hofzwerg denken, den der Herzog in Dienst genommen hatte, einen kleinen buckligen Mann mit häufig wechselnder Tracht.

Stets schien er vergnügt und zu Scherzen aufgelegt. Wenn er sich jedoch unbeobachtet glaubte, blickten seine Augen tief traurig, wie der Hofkonditor einmal ganz überrascht bemerkt hatte. Solch ein ungewöhnlich klein gewachsener Mensch hatte es im Leben nicht leicht. Er wurde wenig geachtet, war oftmals hilflos den Launen anderer ausgeliefert. Und er wurde von fast allen kaum beachtet, wenn man genug über ihn gelacht hatte. Auch er, der Herr Hofkonditor, hatte sich den Gepflogenheiten angepasst und dem Zwerg bisher kein gutes Wort gegönnt. Ihm ward unwohl bei dem Gedanken. Es fiel ihm schwer an diesem Tag, seinen Gehilfen die notwendigen Anweisungen zu geben für das Festtagsgebäck. Selbst Hand anzulegen getraute er sich heute gar nicht mehr. Endlich war des Tages Arbeit beendet. Ein wenig hatte sie ihn doch abgelenkt. Und er fasste wieder neuen Mut. Als Geschenk kaufte er nun eine Halskette mit einem Perlenanhänger. Schon des Öfteren hatte seine Gattin diese mit Wohlgefallen im Schaufenster des Hofjuweliers betrachtet.

Nach der Bescherung am Heiligen Abend war er glücklich. Seine Frau gestand ihm, dass sie sich gerade dieses Schmuckstück schon lange gewünscht hatte, sie legte es sogleich an, und ihm schien, als glänzte die Perle genauso fröhlich wie ihre Augen. Und nun erzählte er ihr die Geschichte, wie er dazu gekommen war, also auch sein Missgeschick mit der goldenen Tuchnadel. Seine Frau lauschte gespannt, und sie nickte versonnen vor sich hin, als er - mehr sich als sie - fragte, ob bei dem geheimnisvollen Geschehen nicht doch ein Geist seine Hand im Spiele gehabt haben müsste. Das Petermännchen? Für eine kleine Weile blieben sie still, und jeder hing seinen Gedanken nach.

Weder Herr Rauer noch seine Frau hatten bemerkt, wie die Kinder aufhorchten, als der Vater zu erzählen begann. Sein Ordnungssinn bereitete ihnen manchen Verdruss, das Erzählen aber mochten sie sehr an ihm. Darüber schienen sie jetzt sogar ihre eigenen Geschenke vergessen zu haben. Aufgeregt steckten sie die Köpfe zusammen und tuschelten leise miteinander. Die Eltern freuten sich, als die Kinder plötzlich mit den Handpuppen fröhlich um den Tannenbaum tanzten. Bald verzogen sie sich in eine Ecke, dann gaben sie vor, zum Umfallen müde zu sein und gingen zu Bett. Den Eltern war es nur recht. Auch am nächsten Tag verschwanden die Kinder gleich nach dem Frühstück in ihrem Zimmer. Zum Mittagessen tauchten sie erst nach mehrmaligem Rufen und mit glühenden Wangen auf. Sie versuchten seltsamerweise auch gar nicht, sich mit vielerlei Gründen um den Mittagsschlaf zu mogeln. Ohne Drängeln, ja gar unaufgefordert verließen sie das Wohnzimmer. Das erschien dem Vater nun doch besorgniserregend. Ob sie sich an Süßigkeiten übergessen und nun Fieber hatten? Woher sonst die roten Wangen? Als er nach den beiden sehen wollte, fand er die Tür ihrer Zimmers verschlossen. Was war mit den Kindern los?! Seine Frau beruhigte ihn. Sie hatte gesehen, wie das Spiel mit den Handpuppen die Kleinen in Hitze gebracht hatte, sie ahnte auch, dass sie etwas ausheckten.

Am Nachmittag des zweiten Weihnachtstages lüfteten die Kinder tatsächlich das Geheimnis. Und es wurde für den Vater und die Mutter eine große Überraschung. Die Eltern mussten auf dem Sofa Platz nehmen. Zwei Stühle standen vor ihnen, mit den Lehnen nach vorn, darüber eine Decke gehängt. Die beiden Zuschauer sahen sich an, ihre Spannung löste sich, ein Puppenspiel, natürlich, und lustig würde es sicher werden. Dann tauchte die erste Puppe auf, sie begrüßte das Publikum mit einer artigen Verbeugung. Frau Rauer stieß ihren Mann sachte in die Seite, wobei sie ein bisschen kicherte: „Sieh mal, hat der nicht eine ziemliche Ähnlichkeit mit dir?“ Herr Rauer musste auch lächeln. Das hatten sie gut hingekriegt, die beiden Rangen! Als dann jedoch die zweite Puppe verstohlen über den Rand lugte, mit einem großen Feder geschmückten Hut auf dem Kopf und einem weißen Kragen, aus Papier gefaltet, da beugte sich Herr Rauer verdutzt zu seiner Frau: „Das Petermännchen und ich?“ Und nun waren es die Eltern, die ganz rote Wangen vor Spannung und Aufregung bekamen. Vor ihren Augen spielte sich das ab, was der Herr Hofkonditor im Geheimen zwar befürchtete, bislang jedoch nicht so recht wahrhaben wollte: Der Schlossgeist stahl sich, als niemand da war, in sein Zimmer und zerlegte die kostbare Tuchnadel in ihre einzelnen Teile! „Wenn sich jemand über mich lustig macht oder mich und andere beleidigt, dann wird er dafür bestraft,“ schloss die putzige Petermännchenpuppe. „Aber die Menschen, die Gutes tun, die belohne ich. Und für euch will ich der gute Geist sein, der euch immer beschützt.“ Höflich verneigte er sich, wünschte allen ein frohes Fest und verschwand. Herr Rauer kämpfte vor Überraschung und Rührung, gerade wegen der kindlichen Sprache, mit den Tränen. „Die Kinder, wer hätte das für möglich gehalten?!“ Liebevoll nahm er die Heranstürmenden in die Arme und strich ihnen übers Haar. Dieses Fest würde er sein Lebtag lang nicht vergessen.

Sagenort: Schloss, Küchen- und Bäckereitrakt

Burggarten, Eingang zum Küchentrakt (Foto von 1933)

Die Schlossjungfer am Pfaffenteich

Es ist noch gar nicht so lange her, einhundert oder zweihundert Jahre mögen inzwischen vergangen sein, da soll doch das Wasser des Pfaffenteiches so sauber und klar gewesen sein, dass die Frauen dort sogar ihre Weißwäsche wuschen. Wenn dann die strahlend weiße Wäsche auf der Wiese zum Bleichen lag, verbarg manchmal selbst die Sonne verschämt ihr Angesicht hinter den Wolken ob dieses Leuchtens. Aber lange hielt sie es dort nicht aus; das emsige und fröhliche Treiben der Frauen und Mädchen lockte sie stets wieder hervor. Deshalb war es kein Wunder, dass an Waschtagen stets schönes Wetter herrschte. Hier traf sich Jung und Alt. Man erzählte Neuigkeiten und erfuhr welche. Die Mädchen standen mit hochgeschürzten Röcken im Wasser, spülten die Wäsche und schwatzten und lachten. Oft bedurfte es nicht mal eines Anlasses, um fröhlich zu sein. Das junge Volk kicherte und gackerte schon aus reiner Lebenslust. Die Mädchen schienen regelrecht darauf zu lauern, dass einer von ihnen ein kleines Missgeschick widerfuhr. Mal fiel ein Wäschestück in den Teich und wurde dann unter Jauchzen wieder herausgefischt. Mal fand eine nicht gleich, was sie suchte, weil manch Wäschestück auch vertauscht wurde. Und wo sich nichts von selbst ergab, da halfen die jungen Männer hin und wieder ein wenig nach. Plumps! Und schon landete ein mit Wäsche gefüllter Kissenbezug im Wasser, die schweren Tropfen spritzten nach allen Seiten, und die Mädchen stoben kreischend auseinander. Der Neckerei war kein Ende.

Bei diesen unschuldigen Späßen hatte Petermännchen gar zu gern seine Hand im Spiel. Er vertauschte, natürlich unsichtbar, häufig die Wäschestücke oder huschte wie der Wind mit einem der Röcke oder Hemden davon, die er heimlich den Wäschekörben entnommen hatte. Petermännchen gab sie aber gleich zurück, wenn die Mädchen ihm nachliefen und einen Zipfel zu fassen kriegten. Manchmal schlich er sich auch unbemerkt an die bei der Arbeit plappernden Mädchen heran, kniff sie in die Waden und anderswohin und freute sich königlich, wenn sie aufjuchzend herumfuhren und einen der jungen Männer dann für den Übeltäter hielten.

Unter den Wäscherinnen befand sich auch eine schon ältliche Jungfer, die seit vielen Jahren ihren Dienst im Schloss versah, Tag für Tag und sehr gewissenhaft, wie alles, was sie tat. Sie war fleißig und hilfsbereit, sie war auch sehr belesen und dünkte sich ausnehmend klug. Ihre Aussprache war gepflegt, wie die ganze Person. Jeden ließ sie spüren, dass sie die höhere Töchterschule besucht hatte und eigentlich in ganz anderen Kreisen verkehren könnte. Manchmal gab sie, ganz wie nebenbei, zu verstehen, dass ihre Vorfahren französische Edelleute wären. Hin und wieder ließ sie scheinbar spaßhaft durchblicken, sie hätte sogar, wenn auch etwas weitläufig, verwandtschaftliche Beziehungen zum Landesherren. Emsig forschte sie im Geheimen nach einem Beweis dafür.

Alles wusste sie besser, und an jedem fand sie etwas zu tadeln. Wenn Mütter, die zwei oder fünf oder noch mehr Kinder hatten, sich mit ihren schweren Waschkörben abplagten, dann sagte die Jungfer mit säuerlicher Miene, die Frauen hätten selbst schuld. Weshalb schafften sie sich so viele Kinder an. Nun müssten sie eben sehen, wie sie fertig würden. Dabei hatte sich gar niemand bei der Jungfer beklagt oder sie um ihre Meinung befragt. Wie rümpfte sie aber erst die Nase über die, wie sie sagte, mannstollen Weiber, wenn sie erfuhr, dass eines der

Mädchen einen Liebsten hatte. Am allerschlimmsten war es, wenn der Jungfer das Missgeschick widerfuhr, neben einer verheirateten Frau im Wasser stehen zu müssen, die mit großer Selbstverständlichkeit auch die Unterhosen ihres Mannes wusch.

Wieder einmal war Waschtag. Wieder einmal hatte sich das Fräulein empört, weil eine Frau neben ihr unbekümmert die Leibwäsche ihres Mannes durch das Wasser schwenkte. Der aus dem Korb strömende Schweiß- und Tabakgeruch verursachte der Jungfer Übelkeit. Entrüstet suchte sie sich einen anderen Platz. Plötzlich drang durch das lärmende Treiben der Wäscherinnen ein schriller Schrei. Er gellte über den Pfaffenteich, als ob ein Mörder mit spitzem Dolch einer der Frauen ans Leben wollte oder als ob der Wassermann ein Mädchen mit seinen kalten, glitschigen Händen zu sich in die Tiefe zöge. Eine jegliche ließ sofort fallen, was sie gerade in den Händen hielt, und blickte um sich.

Von weitem sahen sie, die Schlossjungfer war es. Sie stand im Wasser und schrie, als gelte es ihr Leben. Mit spitzen Fingern hielt sie, weit von sich gestreckt - eine Männerunterhose in der Hand.

Erst ging ein Geraune durch die Menge, dann flackerte hier und da ein leises Kichern auf, und wie ein Windhauch zu einem Sturmwind anschwillt, so wuchs auch die Heiterkeit zum weithin schallenden lustigen Lachen. Alle sahen es: Unbemerkt musste jemand die Unterhose aus dem Waschkorb der Ehefrau in den der Jungfer gelegt haben, zwischen deren Spitzendeckchen und Brusttücher!

Solch ein Gelächter hatte es am Pfaffenteich schon lange nicht mehr gegeben. Und als die Jungfer plötzlich aufsprang und einem kleinen Männchen hinterher lief, das, ihr Brusttuch schwenkend, gerade in den Kütergang einbog, da kannte das Vergnügen keine Grenzen. Ein jedermann wusste nun, es war wieder einmal das Petermännchen gewesen, das die Wäschestücke vertauscht hatte, dieses Mal, um die schrullige Schlossjungfer zu necken.

Als sie sich die Tränen abwischten, die ihnen vor lauter Lachen über die Wangen kullerten, da erblickten sie das ältliche Fräulein, wie es hochrot zwar, aber still mit dem Brusttuch in der Hand zurückkehrte.

Sagenort: Schwerin, Pfaffenteich

Blick auf den Pfaffenteich vom Spieltordamm, 1854

Teufelsspiel am Steinernen Tisch

Der Großherzog von Mecklenburg-Schwerin hielt sich oftmals im Schloss Raben Steinfeld auf. Des Sonntags ließ er sich dann mit der Kutsche zur Pinnower Kirche zum Gottesdienst fahren. Wenn das Wetter angenehm war, unternahm er auch gern einen Spaziergang am Pinnower See entlang. Das war in den umliegenden Dörfern allgemein bekannt. Ein beherzter Bauer wollte sich diese Gewohnheit des Landesherrn zu Nutze machen.

Es war September, ein Sonntag und ein heiterer Spätsommertag dazu. Die Bauersfrau beobachtete seit dem Aufstehen argwöhnisch ihren Mann. Er war aus dem Bett gesprungen, hatte sich ausgiebig gewaschen, sogar den Hals und die Füße, nichts zum Frühstück gegessen und sich sogleich in den Sonntagsstaat geworfen, obwohl das Vieh noch gar nicht gefüttert war. Und jetzt verzog er sich in eine Ecke des Hauses und brummelte vor sich hin. „So ein schöner Tag und solch seltsames Gebaren!", schoss es ihr durch den Kopf. In der Ecke machte der Bauer jetzt gar fremdartige Bewegungen. Er schwang den rechten Arm im hohen Bogen nach vorn, schob das rechte Bein vor und beugte das Knie ein wenig. Das schien ihm wohl nicht recht, er schwang wieder den Arm und schob diesmal das linke Bein vor. Dann murmelte er irgendwelche unverständlichen Worte. Danach richtete er sich auf, beugte den Oberkörper aber gleich wieder und murmelte erneut Unverständliches. Jetzt fuchtelte er gerade mit den Armen, als wenn er jemandem etwas erklärte. „Ob der Böse in den Mann gefahren ist?", fragte sich die Frau. Man hörte ja so allerhand im Dorf, wie dieser und jener ganz plötzlich sein

Wesen verändert hätte. Die Bäuerin überwand ihre Furcht, näherte sich scheu und sprach ihren Mann vorsichtig an: „Mann, was ist dir bloß? Wollen wir nicht erst das Vieh ..." Da schrie der Bauer los: „Lass mich mit dem Vieh zufrieden. Der Amtmann aus Crivitz hat mich gestern wieder nicht vorgelassen! Wir brauchen aber noch diesen Winter die neue Scheune. Wo soll ich sonst das Stroh und das Heu für die jungen Kühe unterbringen!" „Das ist wohl richtig," dachte die Bäuerin bei sich. „Er ist aufgeregt, aber seine Worte klingen ganz vernünftig." Über eine neue Scheune sprachen sie schon seit der Heuernte im Juni. Dann aber flüsterte der Bauer, als ob er über seine Kühnheit selber erschrocken wäre: „Ich werde mit dem Großherzog reden." Nun fasste sich die Frau. „Was du da erzählst, Mann", sprach sie, „du willst mit dem Großherzog reden. Der wartet gerade auf dich. Du bist wohl doch nicht ganz richtig im Kopf."

Für gewöhnlich achtete der Bauer die Worte der Frau. Der Crivitzer aber hatte ihn einfach zu oft abblitzen lassen. Manchmal musste man auch andere Wege gehen als die üblichen. Er ließ sich von seinem Vorsatz nicht abbringen. Und er glaubte auch zu wissen, wie es zu bewerkstelligen war. Davon aber schwieg er. Die Bäuerin seufzte und gab auf. Hier hatte Widerreden keinen Sinn. Unruhig begab sie sich allein in den Stall, die Kühe zu melken und dann auf die Weide zu lassen. Als sie zurückkam, war ihr Mann verschwunden.

Der Bauer war zu dieser Zeit bereits von Godern aus den schmalen Weg am See entlang in Richtung Raben Steinfeld gegangen und befand sich nahe bei dem Steinernen Tisch. Er hatte Glück. Von Ferne erblickte er tatsächlich Seine Königliche Hoheit, den Großherzog. Er war allein, ohne einen Bediensteten, ganz allein wie ein ganz gewöhnlicher Mensch. Wie der Bauer die majestätische Gestalt herankommen sah, verließ ihn ganz plötzlich der Mut. Er versteckte sich rasch hinter einer dicken Buche dicht beim Steinernen Tisch. Sein Herz raste vor Aufregung. Da, was war das? Urplötzlich erhob sich eine kräftige Windböe, es brauste und sauste und ein dunkler Schatten raste auf den Steinernen Tisch zu. Erschrocken kauerte sich der Bauer enger an den Baum, schloss die Augen und hob schützend den Arm vor das Gesicht. So schnell wie die Böe gekommen war, so schnell legte sie sich auch. Als der Bauer hinter dem Baum hervorlugte, da sah er zu seinem Schrecken den Teufel und das Petermännchen. Sie saßen am Steinernen Tisch. Deutlich erkannte er den Pferdefuß des Gehörnten und die bunten Federn am Hut des Schlossgeistes. Vor sich hatten die beiden einen Packen Spielkarten liegen. Der Großherzog setzte sich wie selbstverständlich zu ihnen, nahm die Karten, mischte sie und teilte aus. Der Bauer glaubte seinen Augen nicht zu trauen. Der Großherzog spielte tatsächlich mit dem Teufel und dem Schlossgeist Karten. Aber es fiel kein Wort. Schweigend wurden die Karten ausgeteilt und ebenso wortlos wurde gespielt. Der Bauer wagte kaum zu atmen, solche Furcht hatte ihn erfasst. Bewegungslos blieb er hocken, lange Zeit. Die Füße schliefen ihm ein. Das Kribbeln verursachte ihm mehr Pein, als er auszuhalten im Stande war. Er wollte sich schon erheben. Da sah er, wie das Petermännchen eine Karte zog und sie lachend auf den Tisch warf. Die beiden schienen bass erstaunt. Der Bauer sah, wie sie ihre Karten hinwarfen und der Schlossgeist mit einem großen Schwung alles einstrich. Sogleich ertönte wieder das Sausen und Brausen. Es wurde schwächer und schwächer und verklang.

Der Großherzog setzte seinen Weg geruhsam fort, als hätte es für ihn keine Unterbrechung gegeben.

Der Bauer wagte es nicht, seinem Landesherrn zu folgen. An dem seltsamen Ort bleiben wollte er aber auch nicht länger. So rannte er im Wald zwischen Bäumen und Büschen ins Dorf. Atemlos kam er nach Hause. Die Frau musste ihre Neugier bezähmen, er brauchte lange, um sich zu beruhigen. Dann erzählte er alles, aber nur hinter vorgehaltener Hand. Zuvor nahm er ihr das Versprechen ab, es niemandem weiterzusagen. Wer ein Erlebnis mit Geistern hat und gleich davon erzählt, dem kann Böses geschehen. Für sich behalten konnte der Bauer das Geschehen aber auch nicht, dafür war er viel zu aufgeregt.

Seine Frau hätte jedoch anders auch keine Ruhe gegeben. Und wie es so ist, es vergingen nur wenige Tage und bald wusste das ganze Dorf davon. Zum großen Bedauern der Frauen konnte niemand sagen, wie hoch der Einsatz beim Kartenspiel gewesen war. Das hätten alle zu gerne gewusst.

Sagenort: Ostufer des Pinnower Sees, Steinerner Tisch

Der Steinerne Tisch am Pinnower See (Ansichtskarte von 1920)

Der Polizist und das Petermännchen

Eines Nachts, es war im Jahre 1930, versah der Polizist Schlaet wie gewöhnlich seinen Wachdienst im Burggarten. Herr Schlaet war ein nüchterner Mann, an Geister glaubte er nicht und gab auch nichts auf das Gerede anderer Leute. Bei den Geschichten übers Petermännchen lächelte er immer nur überlegen. Pure Einbildung, Spinnerei, Kinderschnack waren sie für ihn, selbst wenn er sie aus dem Munde der Alten hörte. Für ihn zählten einzig Tatsachen, etwas, was man sehen und anfassen, wiegen und messen konnte.

Es war eine milde Nacht kurz nach Neumond, Herr Schlaet verließ die Wachstube und langte bald an dem lauschigen Fleckchen bei den Gewächshäusern an. Dieser Platz war ebenso wie der Muschelbrunnen daneben ein Anziehungspunkt für verliebte Pärchen. Aber auch Tagediebe verbrachten manchmal dort die Nacht, um ihren Rausch auszuschlafen. Der Polizist sah sich aufmerksam um, leuchtete mit seiner Taschenlampe auch hinter die Büsche. Keine ungebetenen Gäste hielten sich hier auf, stellte er beruhigt fest, und zufrieden wollte er seinen Weg fortsetzen - da stockte sein Fuß, steif und kerzengerade stand der Polizist da, wie zur Bildsäule erstarrt. Vor ihm, vielleicht drei, vier Meter entfernt, tauchte urplötzlich der Schatten einer kleinen Gestalt auf, in kurzem Wams und Stulpenstiefeln, so vermeinte er zu erkennen, mit einem großen Hut auf dem Kopf. Das war kein Fantasiegebilde! Gelassen, keineswegs ängstlich oder eilend, näherte sich das seltsame Kerlchen der Mauer, schwang sich hinauf, blickte dem Polizisten von dort ins Gesicht, kurz, aber durchdringend, und - verschwand. Er verschwand so schnell in der Dunkelheit, als wäre er gar nicht da gewesen.

Herr Schlaet brauchte einige Zeit, bis er seine fünf Sinne wieder beieinander hatte. Was war das? Er hatte doch den ganzen Burggarten gründlich durchforscht! Woher kam dieses kleine Wesen, so urplötzlich? Und wohin war es verschwunden, genauso plötzlich? Das Petermännchen? Ja, so wurde es beschrieben. Gab es ihn doch? Es konnte nicht anders sein: Er hatte wirklich und wahrhaftig den Schlossgeist gesehen. Und dem Polizisten wurde ganz schauerlich zumute. Fluchtartig verließ er den unheimlichen Ort.

In der Wachstube angekommen begann er aufgeregt zu reden, wie ein Wasserfall. Erst hörten die Kameraden erstaunt zu, dann schauten sie ungläubig auf den am ganzen Körper Zitternden und fingen an zu grinsen. „Du scheinst alt zu werden, mein Lieber. Deine Augen werden schlecht. Warte nur mal die nächste Nachtwache ab. Vielleicht siehst du dann im Muschelbrunnen die Nebelnixe, wie sie mit dem Wassermann ein Bad nimmt." Nun lachten die jungen Burschen aus voller Kehle. Herr Schlaet bekam einen hochroten Kopf. Wortlos ging er hinaus.

Seitdem erzählte er nicht mehr gern von diesem Erlebnis. Nur Freunden. Und dabei zitterte seine Stimme so sehr, als ob ihm jetzt noch heißkalte Schauer über den Rücken liefen.

Sagenort: Burggarten. Die Geschichte beruht auf einem 1930 schriftlich überlieferten Bericht über die Begegnung eines Polizisten mit dem Schlossgeist.

Orangerie im Burggarten (Ansichtskarte von 1930)

Der Spuk im Petersberg

In einer Zeit, als es noch keinen Fernseher gab und selbst das Radio selten war, da lebte in dem kleinen Dorf Pinnow bei Schwerin die kleine Christl mit ihren Eltern. Sonntags vormittags wanderte sie immer zu den Großeltern. Während die Großmutter den Braten für das Mittagessen vorbereitete, saß der Großvater, eine mächtige Pfeife rauchend, in seinem Schaukelstuhl und erzählte eine Geschichte. Am liebsten hörte Christl solche, die der Großvater in seiner Kindheit selber erlebt hatte. Eine dieser Geschichten vergaß sie ihr Lebtag nicht, und diese erzählte sie selber später auch ihren Kindern.

Es muss noch vor dem ersten Weltkrieg gewesen sein, hatte der Großvater erzählt, da spielte ich mit anderen Jungs am Petersberg hier in Pinnow Räuber und Gendarm. Ich war immer am liebsten Räuber. Als ich mich einmal am Berg unter einem dichten Busch verstecken wollte, bemerkte ich neben mir eine Öffnung. Die hatte ich vorher noch nie gesehen. Ich vergaß das Spiel und rief meine Freunde heran. Wir konnten nicht erkennen, wie tief die Höhle war, da war alles dunkel. Wir wollten unbedingt wissen, was es mit dem Loch auf sich hatte.

Max lief rasch ins Dorf und holte eine Kerze und Zündhölzer. Wer aber sollte als Erster gehen? Uns war doch ein bisschen mulmig zu Mute, aber neugierig waren wir auch, sehr sogar. „Du hast die Kerze geholt, geh du voran," sagten wir zu Max. Das war vielleicht etwas gemein von uns, ihn einfach vorzuschieben, aber es stimmte doch, er hatte die Kerze geholt. Wir waren

Kinder, und so war unser Denken. Nun krochen wir in den dunklen Gang, fünf Jungs, Max mit der Kerze voran.

Wir wussten, dass hier im Berg das Petermännchen seine Schmiede haben sollte. Und wir wussten auch, es war gefährlich, was wir vorhatten; man durfte nicht ungebeten in Petermännchens Reich eindringen. Aber Kinder tun auch Dinge, die nicht immer vernünftig sind. So ist das nun mal.

Also wir rein in den Berg. Der Gang war sehr niedrig. Wir mussten manchmal auf allen Vieren kriechen. Und wir konnten nur wenige Schritte voraus sehen; so viel Licht gab die Kerze auch wieder nicht. Ich war in der Mitte und heilfroh, nicht der Erste und nicht der Letzte zu sein. Ich konnte auf nichts anderes achten als auf mich selbst und meinen Vordermann. An einer Stelle wurde der Gang breiter. Wir waren an eine Ausbuchtung gelangt. Plötzlich ging die Kerze aus und einen Moment später schrie Max laut auf. Ich merkte, wie Heiner vor mir sich umdrehte. Ich wurde so heftig zurückgestoßen, dass ich stolperte und beinahe hinfiel. Da packte mich das kalte Grausen. „Zurück," schrie ich in großer Angst, „zurück!" Ich drehte mich um und schubste und drängelte dem Ausgang zu.

Als wir wieder draußen vor dem Busch waren, liefen wir so schnell wir konnten. Nur weg von diesem Berg!

Unten am Weg sackten wir erschöpft zusammen. Mein Herz wummerte heftig, und die Knie waren mir weich. Ich sank zu Boden und ein Junge nach dem anderen plumpste daneben. Dann erzählte Max, etwas stotternd, was im Berg passiert war. „Also ... ehrlich gesagt, ich war ... von Anfang an ... ziemlich ..., na, also ziemlich aufgeregt. Allein ... ich wusste ... ja, ja, ich wusste, dass ihr ... hinter mir wart.“ Allmählich wurde er ruhiger. „Das Licht hat erst ganz ruhig gebrannt. Aber an der Ausbuchtung des Ganges ... plötzlich seltsame Geräusche, wie aus weiter Ferne, wie Klopfen auf Metall, wie, naja, wie von einem Schmiedehammer ... vielleicht. Dann Stille. Ich habe gar nichts mehr gehört. Totenstille. Mir wurde kalt. Es war alles von einem Augenblick zum anderen ganz still und eisig. Ich war wie gelähmt und habe es gar nicht ... fertiggebracht, euch zu warnen. Und dann, ganz plötzlich, ohne einen Windhauch oder sowas, geht die Kerze aus. Und dann fasst mich eine Hand, an der Schulter, und stößt mich zurück ... Und dann konnte ich nur noch schreien.“

Natürlich nur, um uns zu warnen, sagte er jetzt. Aber keiner von uns sprach ein Wort.

Jeder war heilfroh, nicht der Erste gewesen zu sein.

Wir erzählten unser Abenteuer niemandem. Du bist die Erste, die davon hört. Und niemand von uns hat danach versucht, noch einmal dort hineinzugehen, weder allein noch mit anderen.

Dem kleinen Mädchen war damals sehr gruglich zu Mute, deshalb wollte sie die Geschichte immer wieder hören. Um den Petersberg machte sie aber immer einen großen Bogen.

Später, als Christl erwachsen war, wurde die Neugier stärker als die Furcht und sie suchte nach dem Eingang der Höhle. Der aber war nicht mehr aufzufinden.

Sagenort: Petersberg bei Pinnow

Petersberg (aktuelles Foto)

Der steinerne Zwerg

Eine junge Familie hatte eine Extra-Führung durch das Schloss bestellt. Lustig sollte sie sein, nicht immer: Dort sehen Sie dasunddas aus dem Jahre sowieso, hier kommen wir zu demunddem, und raten Sie mal aus welchem Jahr, und so weiter und so fort. Nein, lustig sollte es werden. Das Mädchen, Franziska, feierte ihren zehnten Geburtstag, ihr Bruder Leberecht den elften und Mama und Papa hatten den zwölften, nein, natürlich nicht Geburtstag, sondern den zwölften Hochzeitstag - alle an einem Tag! Selten, nicht wahr? Dieses Zusammentreffen war für alle vier schon seit längerem ein Grund, sich gemeinsam einen fröhlichen Tag zu machen. Und sie hatten auch heute Glück; ihr Schlossführer war ein Schelm. Man sah es ihm auf den allerersten Blick nicht an. Groß war er, recht kräftig gebaut, der Bauch rundete seine Gestalt würdevoll ab, und das fleischige Gesicht und das weiße Haar ließen eher an einen ernsthaften Bürgermeister als an einen lustigen Schlossführer denken. Aber er war wirklich ein Schelm. Schon der Name war zum Kugeln. Wie konnte einer Fridolin-Gotthilf heißen! Und dann auch noch Kuhräuber mit Nachnamen. Aber so hatte er sich vorgestellt, dabei gen Himmel blickend, wobei er bemerkte, dass der Vater seiner Frau Holzapfel hieß. Holzapfel, was wäre das für ein schöner Name gewesen! Aber ja, nun ist er eben ein Kuhräuber. Eine Stunde schon waren sie durchs Schloss und rundherum gewandert, länger als eine Schulstunde, und keines der Kinder hatte verstohlen auf die Uhr geblickt; eine Geschichte nach der anderen sprudelte aus dem Munde des Kuhräubers hervor, über ein Kreuz im Fußboden, das ein besonderes Ereignis markierte, über einen Geheimgang hinter der Bibliothek, der nächtliche Abenteuer ermöglichte. Jede Ecke im Schloss schien eine kuriose Geschichte zu haben. Die Mutter staunte ihn an, der Vater, naja, er runzelte manchmal belustigt die Stirn, die Kinder aber waren begeistert. Leberecht hatte, wenn er Herrn Kuhräuber ansah, die Vorstellung von einem Cowboy im Wilden Westen, der auf seinem Pferd dahinjagt, mit dem Lasso einen Stier aus einer großen Herde raubt und ihm dann ein Kreuz aufs Fell brennt. Franziska dachte beim Geheimgang an Fridolin den frechen Dachs. Sie stellte sich vor, wie der da mit seinen Maiskolben durchwitschte. Schließlich langten sie dort an, wo sie begonnen hatten, beim großen Eingang nahe der Brücke zur Stadt. Hoch oben ist das Reiterstandbild von König Niklot zu sehen, dessen Sohn, so erzählte Herr Kuhräuber, wurde verwunschen und spukt nun als Schlossgeist hier herum, neckt diesen und jenen, manchen verprügelt er ob seiner Boshaftigkeit und so manchen belohnt er reich für gute Taten. „Manche sagen ja, es gibt ihn gar nicht mehr, er ist in Stein verwandelt und steht nun reglos im Schlosshof. Aber das stimmt so überhaupt nicht. Wenn ihr wollt," und er wandte sich an die Kinder, „dann zeige und erzähle ich euch zum Schluss noch ein großes Geheimnis über unsern Schlossgeist." Ein Geheimnis? Das wollten sie alle Vier nun doch auch noch erfahren.

Sie gelangten in den Schlossinnenhof, tatsächlich, dort sahen sie die Sandsteinplastik eines Zwergs auf Stelzen. „Das soll unser in Stein verwandeltes Petermännchen sein," sagte Herr Kuhräuber. Leberecht ulkte: „Was, ein Geist aus Stein? Ein Steingeist? Witzig!" „Ja,ja," antwortete Herr Kuhräuber, „das hat die Erbgroßherzogin Auguste auch gedacht, sie glaubte, sie hätte das Petermännchen in Stein verwandelt." „Warum denn das? War sie eine Hexe?" Die Kinder redeten aufgeregt durcheinander. „Die Auguste konnte zaubern?" „Das Petermännchen war doch ein Geist! Der konnte vielleicht zaubern, aber doch nicht ein Mensch!“

„Quatsch mit Soße,“ sagte der Vater, „diese gebildete Frau, wie Sie uns vorhin bei ihrem Porträt im Blauen Salon erzählt haben, soll so was geglaubt haben? Das können Sie uns nun wirklich nicht weismachen: Erstens gibt es keine Geister, und zweitens kann man sie nicht in Stein verwandeln. Man kann nicht zu Stein machen, was es gar nicht gibt.“ Herr Kuhräuber flüsterte ihm zu: „Ob es Geister gibt oder nicht, ob es das Petermännchen tatsächlich gibt, darüber sollten wir vor den Kindern nun nicht diskutieren, jedenfalls jetzt nicht.“ Laut antwortete er: „Genau das ist der Witz. Man kann einen Geist nicht in Stein verwandeln, Leberecht hat das schon sehr richtig erfasst. Die Leute aber plappern gedankenlos nach, was sie von anderen gehört haben. Und gehört haben sie: Also, die Auguste - man könne über sie viel Gutes sagen, sie habe wahrscheinlich auch sehr gesund gelebt, denn sie wurde steinalt. Aber ihr Ehemann starb früh, und das lange Witwendasein muss ihr nicht gut bekommen sein, wer lebt schon gern allein und bleibt dabei noch frohsinnig. Jedenfalls war sie nicht bloß steitbar, sondern manchmal recht garstig. Mit spitzen Worten fiel sie über diesen und jenen her. Und die Leute ihrer Umgebung sagten: Mit der ist nicht gut Kirschen essen, die hat Haare auf den Zähnen.“

Na, das war wieder was für die Kinder. Beide stellten sich die alte Frau vor, die sie auf dem Gemälde gesehen hatten, wie sie den Mund auftat und dort Haare hervorsprossen. Der Schlossführer fühlte, was sie dachten, zwinkerte ihnen zu und berichtete weiter: Petermännchen habe ihr des Öfteren einen Denkzettel verpasst. Einmal wollte sie vor einem wichtigen Empfang im Thronsaal im Handspiegel noch rasch ihre Frisur betrachten,

da war ihr, als ob irgendwer ihr den Spiegel aus der Hand schlug. Au weia, ein kaputter Spiegel, das bedeutete sieben Jahre Pech. Oh, was war sie wütend! Nun eilte sie in ihrem langen Kleid in den Thronsaal. Dabei aber verfing sich der Saum in den Häkchen ihrer Schnürschuhe und sie stolperte. Und fiel lang hin. Direkt vor den Thronsessel. Das war eine Blamage, das kann ich euch sagen. Eine Erbgroßherzogin liegt lang auf dem Fußboden. Sie lag da, rappelte sich auf und - beschimpfte das Petermännchen. Die feinen Damen und Herren um sie herum waren völlig perplex, wie kam sie nur auf das Petermännchen! Das hätte man dieser gebildeten und feinen Dame gar nicht zugetraut, es war doch offensichtlich, dass sie über ihr langes Kleid gestolpert war! Sie aber beschimpfte den Schlossgeist nach Strich und Faden. Und dann schrie sie wütend: „Du verfluchtes Petermännchen, zu Stein sollst du werden und dich nie mehr rühren können! Für alle Ewigkeit sollst du ein steinerner Zwerg bleiben!" Franziska stand der Mund offen; sie sah ja die Steinfigur hier tatsächlich.

„Aber nun kommt das große Geheimnis," sagte Herr Kuhräuber. Franziska und Leberecht waren so gespannt, dass sie überhaupt nicht mehr an einen Cowboy und an einen Dachs dachten. „Natürlich war es das Petermännchen, das da vor dem und dann im Thronsaal unsichtbar nachgeholfen hatte. Aber die Leute, die erzählen, dies hier wäre der Schlossgeist, die vergessen: Petermännchen ist ein Schalk. Und sieht so etwa ein Schalk aus?" Franziska hatte sich eigentlich schon auf den ersten Blick nicht vorstellen können, dass ein Geist so aussehen könnte wie die Steinfigur, und einer der auch neckt, schon gar nicht. „Nee," sagte sie, „so sieht doch kein Schlossgeist aus!" Und Leberecht machte gleich weiter: „Da müsste er schon eher ein Gesicht wie Sie haben, Herr Kuh..." Den Nachnamen verkniff er sich. „Sehn

Sie," wandte sich der Schlossführer mit seinem schelmischen Lächeln an den Vater, „Ihre Kinder! Die Kinder, sie würden den Geist ganz anders malen. Und ganz richtig würden sie ihn malen, denke ich. Der Schlossgeist wurde überhaupt nicht verwandelt! Er zauberte dem Steinbildhauer Heinrich Petters bei seiner Arbeit diese Steinplastik in die Hände, der gab sie als Petermännchen aus, und sie wurde dann hier aufgestellt."

Na, das war vielleicht was: Ein Schlossgeist, der zaubern kann und der eine Großherzogin narrt. „Ja, und Auguste?", fragte die Mutter. „Die war ziemlich erschrocken, als das Petermännchen, wie sie meinte, plötzlich hier im Schlosshof als steinerner Zwerg stand." „Und Petermännchen?", wollten die Kinder wissen. „Ja, was denkt ihr, was der gemacht hat?" „Der drehte der alten Zahnhaarigen eine langer Nase und lachte sich eins," sagte Leberecht und hielt die beiden gespreizten Hände vor seine Nase. Herr Kuhräuber nickte begeistert.

„Genauso ist es gewesen."

Sagenort: Schlossinnenhof

Ein Königsschatz unterm Amboss

Einige hundert Jahre ist es her, da verschlug es einen kleinen Mann auf die Inselburg im Schweriner See. Der Kleine war, wie sich bald herausstellte, ein sehr geschickter Schmied. Man konnte ihn in der Schmiede gut gebrauchen. Den Burgleuten spendierte er vor lauter Freude ein Bier und schon anderntags begann er mit der Arbeit. Sie nannten ihn einfach Peter und bald, teils abschätzig, teils scherzend, Schwarzer Peter, weil sein Gesicht und die Hände meist Ruß geschwärzt waren. Die Kinder aber riefen ihn liebevoll Petermännchen. Und diesen Namen behielt der klein gewachsene Mann.

Eines Tages geschah es, dass sich der Amboss beim Schmieden nach einer Seite neigte. Petermännchen wollte ihn wieder geraderücken, da entdeckte er in der Vertiefung darunter eine kleine längliche Truhe. Sie war aus Eichenholz und mit Wellenbändern und Kammstichen verziert. Er kannte solchen Schmuck noch von seinen Vorfahren aus dem Volk der Obotriten. Er löste den Deckel und, oh Wunder, darin lagen Münzen aus Gold, Ringe und Ketten aus blankem Silber, dazwischen edle Steine, die blitzten und solche, die grün und rot und weiß schimmerten, und viele andere Kostbarkeiten, aus Bronze und Bernstein, Kupfer und sogar aus fremdländischem schwarzen Holz. Das alles, dachte der Schmied, musste aus der Schatzkammer des Obotritenkönigs sein. König Niklot hatte hier einst seine Burg. Der Schatz gehört meinem Volk, dachte er. Was mach ich bloß damit?

Plötzlich brüllte hinter ihm ein wütender Stier. Vor Schreck fiel dem Kleinen die schwere Truhe aus den Händen. Unversehens stieß auch ein mächtiger Vogel aus der Luft hernieder. Es war der Vogel Greif. Mit seinen scharfen Krallen ergriff er den Kasten und flog davon.

Da stand nun der kleine Mann, um den Schatz gebracht und nicht wissend, wie ihm geschah. Unruhig wollte er erst einmal mit der Arbeit fortfahren, da entdeckte er einen schmalen Stirnreif, ebenfalls mit Wellenbändern verziert. Der muss aus der Truhe gefallen sein, dachte Petermännchen. Wie er so dastand, den Reif sinnend in den Händen drehte und dabei ungewollt erwärmte, verwandelte sich dieser unversehens in eine junge Frau. Sie trug ein einfaches Kleid aus feinem Linnen. Ihr Gürtel war mit farbigen Wellenlinien verziert. Petermännchen starrte dieses Wunder an Schönheit und Anmut mit offenem Munde an. Sie aber sprach: „Lieber Peter, Schatz, Stier und Greif sind dein, wenn du mich zur Frau nimmst. Ich werde auch immer für dich da sein und dir zur Seite stehen." Der Schmied konnte nicht glauben, was er da hörte. Bisher hatten ihn die Erwachsenen wegen seines kleinen Wuchses geneckt oder gar gehänselt. Und nun wollte dieses wunderschöne Mädchen sogar seine Frau werden? Ihn lieben? Mit ihm zusammenleben? Petermännchen war verwirrt und hilflos. Er antwortete: „Ich bin doch nur ein Schmied und klein obendrein. Und was soll ich mit solch einem Schatz! Und dann noch dieser wütende Stier und der riesige Vogel Greif dazu!" Traurig drehte er sich um. Kaum hatte er sich abgewandt, war das Mädchen verschwunden und der Reif lag wieder zu seinen Füßen. Erneut hob er ihn auf, sann über das seltsame Erlebnis nach und wieder wärmten seine Hände den Reif. Und wieder stand das Mädchen

vor ihm. „Wärmst du mich, so hast du mich," sagte sie, „lässt du mich, so bin ich wieder verwandelt." Da aber war Petermännchen erleichtert. „Wenn das so ist", sagte er, „dann bist du ja doch die richtige Frau für mich. Du kannst jederzeit unsichtbar für andere sein. Und niemand weiß, dass es so etwas Schönes wie dich überhaupt gibt. Ich werde immer für dich da sein, ich werde dich immer wärmen, solange ich lebe."

Sie antwortete: "So sei es und so soll es bleiben. Auch ich werde nur für dich da sein." Wie von Zauberhand getragen, stand plötzlich die Schatztruhe vor ihren Füßen.

Das Petermännchen lebte seitdem nicht mehr bloß zufrieden, sondern er war auch glücklich. Und so hätte es bleiben können, wenn nicht der Graf gewesen wäre. Ständig brauchte dieser Geld. Jetzt wollte er nahe der Burg eine Mühle und einen Mühlengraben bauen. Dafür brauchte er noch mehr Geld. Und mit der Mühle wollte er noch viel, viel mehr Geld machen. In seinem Leben war er zu einem harten Herrscher geworden, und verschlagen dazu. So ließ er verkünden, dass von der neuen Mühle alle einen Nutzen hätten. Daher müssten sie alle mehr Abgaben leisten, mehr Geld geben als bisher. Das bedeutete für die Untertanen des Grafen, dass sie noch weniger als bisher zum Leben haben würden. Sie murrten, wagten jedoch nicht, sich den Anordnungen des Grafen zu widersetzen.

Petermännchen sprach zu seiner Frau: „Es geschieht viel Unrecht im Lande. Wir haben doch die Truhe mit dem Schatz. Soll der Graf ihn haben und damit seine Mühle bezahlen!" Seine Frau nickte und sagte: „Du hast recht. Wir brauchen diesen

Reichtum nicht. Wir haben uns. Und wir haben den Stier und den Vogel Greif. Sie werden uns beistehen, wenn es sein muss."

Am nächsten Morgen ging Petermännchen, die Schatztruhe auf der Schulter, frohen Mutes und zugleich bangen Herzens zum Grafen. In der ganzen Aufregung hatte er nicht bemerkt, dass der Stirnreif wieder darin lag. Er stellte die Truhe vor den Grafen, öffnete den Deckel und sprach: „Hoher Herr, ich schenke Euch meinen Schatz. Nun braucht Ihr die Steuern wegen der neuen Mühle nicht zu erhöhen." Der Graf war starr vor Staunen ob dieses Reichtums. Er konnte aber auch solchen Edelmut nicht begreifen, und schon gar nicht, wie sein Schmied zu diesem Reichtum gekommen sein konnte. „Woher hast du den Schatz?", fragte er herrisch. Petermännchen erzählte ihm, wie er die Schatztruhe gefunden hatte. „Also auf meinem Grund und Boden. Dann ist sie sowieso meine," sagte der Graf mit höhnischem Lachen und griff gierig hinein. Petermännchen glaubte vor Schreck in Ohnmacht zu fallen, denn obenauf lag der Stirnreif. Angstschweiß trat ihm auf die Stirn. „Ihr könnt alles haben, was ihr wollt, aber lasst mir den Stirnreif," bat er inständig. Der Graf blickte ihn abschätzig und jetzt auch böse an. „Du hast mich bestohlen und wagst es noch, von mir etwas zu fordern? Ab in den Kerker mit ihm!", rief er seinen Kriegsknechten zu. „Dort soll er schmoren, bis er gelernt hat, wem was gehört."

Da saß nun das gutmütige Petermännchen im modrigen Burgverlies. Todunglücklich war er, seine geliebte Frau befand sich nun in den Händen des Grafen. Was tun? Stundenlang sann und sann er. Dann kam ihm endlich der rettende Gedanke. In der

Mitternachtsstunde mussten ihm Stier und Greif zu Diensten stehen. Als die 12. Stunde nahte, rief er den Stier. Er befahl ihm: „Deine Kraft ist riesig, zertrümmere die Mauern um mich her." Da zerbrach der Stier mit den gewaltigen Hörnern die dicken Mauern des Kerkers. „Und nun," sagte Petermännchen, „bringe mir aus der Schatzkammer den goldenen Reif! Er ist mein Leben." Der Stier verschwand und stand fast im selben Augenblick wieder vor ihm. Er senkte den massigen Schädel vor dem Kleinen. Und dieser nahm seinen kostbarsten Schatz, den funkelnden Reif, von einem der Hörner. „Danke, lieber Stier," sagte er, „du hast dein Werk getan." Und dann rief er mit lauter Stimme den Vogel Greif: „Vogel Greif, komm schnell und trage mich geschwind zu guten Menschen." Ein Brausen hob an, und in derselben Sekunde nahm ihn der Greif in seine gewaltigen Klauen und erhob sich mit machtvollen Flügelschlägen in die Lüfte. In Windeseile trug er das Petermännchen in das nahe gelegene Obotritendorf Pinnow.

Der Dorfälteste von Pinnow öffnete ihm gastfreundlich sein Haus. Wie selbstverständlich kamen die beiden überein, dass der kleine Schmied sich hier verbergen könnte, am besten in einer Höhle des Petersberges. Der Graf jedoch würde Petermännchen überall suchen lassen. Deshalb sollte der kleine Mann unerkannt bleiben. Der Dorfälteste ließ für ihn einen großen Hut, einen langen Umhang sowie ein Paar hölzerne Stelzen anfertigen. Wenn Petermännchen nun mit den Stelzen lief, wurden sie vom Umhang verdeckt und er erschien fast so groß wie alle anderen Menschen.

Die Häscher des Grafen gaben die Suche erfolglos auf.

Der Graf baute seine neue Mühle, er nahm auch tatsächlich viel Geld ein. Aber glücklich wurde er nie. Zu Lebzeiten schon ward er schwer gestraft: Er starb als grämlicher und einsamer alter Mann.

Petermännchen arbeitete fleißig und bescheiden in der Schmiede von Godern, wo auch die Pinnower Bauern ihre Werkzeuge fertigen ließen.

Der Goderner Schmied fand eines Tages vor seiner Esse drei Goldstücke. Er wunderte sich nicht wenig. Dann aber kaufte er mit dem Gold kostbares Eisen. Zusammen mit dem Petermännchen schmiedete er für die Bauern beider Dörfer eiserne Pflüge. Mit denen konnten sie viel besser als mit ihren Holzpflügen den Boden bearbeiten. Schon im darauffolgenden Jahr brachten sie eine bessere Ernte ein. Auch Hufeisen, scharfe Äxte, Messer und andere gute Werkzeuge bekamen sie. Über diese und andere Wohl- und Wundertaten sprachen die Bauern oft untereinander, laut mit Dankbarkeit und Freude, flüsternd mit Fragen, wie denn das alles so gekommen wäre. Eins hielten sie für gewiss: Es musste mit dem kleinen Schmied zusammenhängen. Petermännchen lächelte nur. Was für Freunde er hatte, konnte ja niemand wissen. Und seine Frau blieb erst recht ein ganz großes Geheimnis.

Mit den Jahren wurde der kleine Schmied alt und gebrechlich. So ist nun mal der Lauf des Lebens. Eines Tages war auch seine Zeit gekommen. Die Menschen waren sehr traurig darüber. Dann aber sprachen sie noch öfter von ihm als zu seinen Lebzeiten. Sie erzählten auch ihren Kindern und Kindeskindern vom Petermännchen. Diese erzählten weiter, was sie gehört hatten,

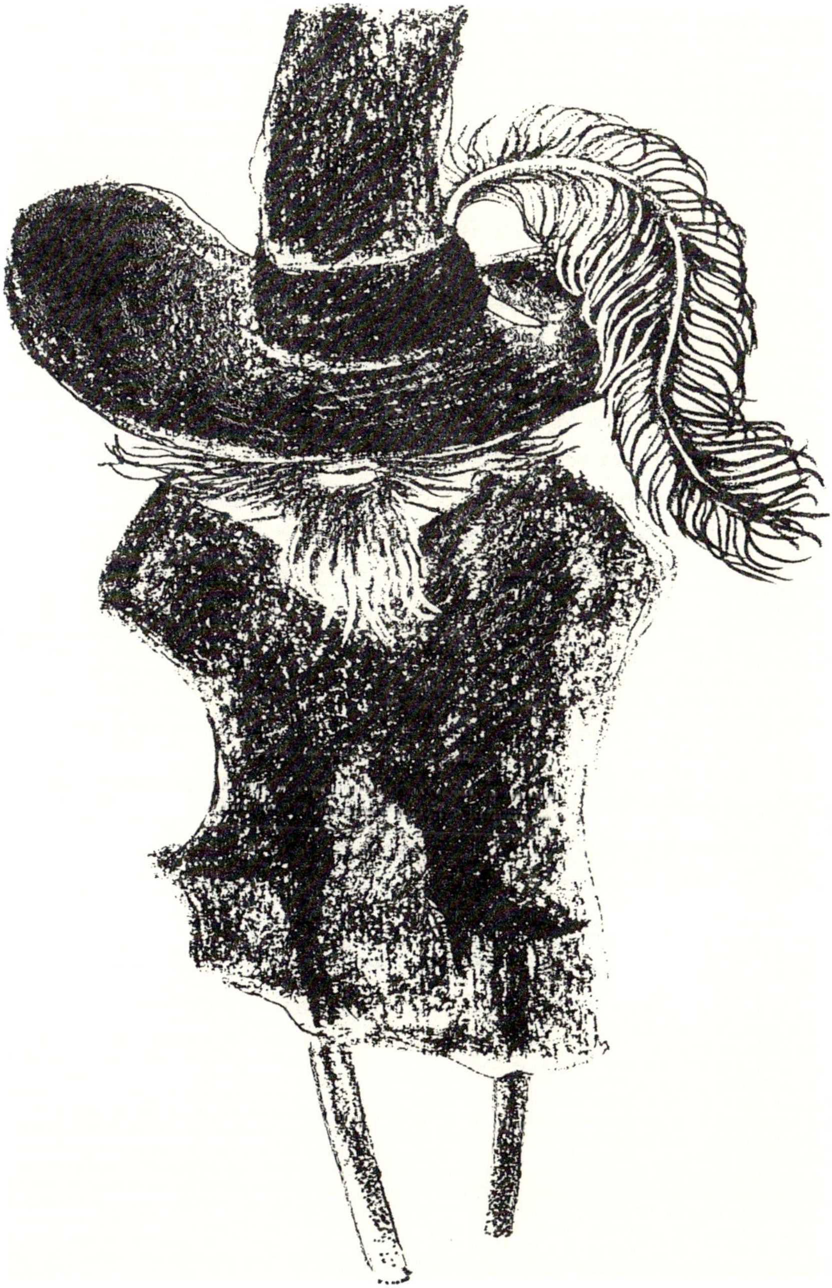

und bald glaubten die Leute: Petermännchen ist unter ihnen, aber unsichtbar, als guter Geist, der überall seine Augen hat und die Bösen bestraft und die Guten belohnt.

Sagenort: Burginsel im Schweriner See, dort, wo heute das Schloss steht. Die Dorfschmiede in Godern.

Die Goderner Schmiede (aktuelles Foto)

Inhaltsverzeichnis